U0516007

权威·前沿·原创

皮书系列为
"十二五""十三五""十四五"时期国家重点出版物出版专项规划项目

BLUE BOOK

智 库 成 果 出 版 与 传 播 平 台

文旅大数据蓝皮书

BLUE BOOK OF BIG DATA ON CULTURE AND TOURISM

中国文化与旅游产业发展
大数据报告
（2024）

BIG DATA REPORT ON CHINA'S CULTURE AND TOURISM
INDUSTRY DEVELOPMENT (2024)

主 编／钟栎娜 邹统钎 信宏业
副主编／方腾飞 李 玲 张宏利

社会科学文献出版社
SOCIAL SCIENCES ACADEMIC PRESS (CHINA)

图书在版编目（CIP）数据

中国文化与旅游产业发展大数据报告 . 2024 ／ 钟栎娜，邹统钎，信宏业主编；方腾飞，李玲，张宏利副主编 . --北京：社会科学文献出版社，2025.3. --（文旅大数据蓝皮书）. --ISBN 978-7-5228-5069-6

Ⅰ. G124；F592.3

中国国家版本馆 CIP 数据核字第 2025RY9374 号

文旅大数据蓝皮书

中国文化与旅游产业发展大数据报告（2024）

主　　编／钟栎娜　邹统钎　信宏业
副 主 编／方腾飞　李　玲　张宏利

出 版 人／冀祥德
组稿编辑／周　丽
责任编辑／徐崇阳
文稿编辑／白　银
责任印制／岳　阳

出　　版／社会科学文献出版社·生态文明分社（010）59367143
　　　　　　地址：北京市北三环中路甲 29 号院华龙大厦　邮编：100029
　　　　　　网址：www.ssap.com.cn
发　　行／社会科学文献出版社（010）59367028
印　　装／天津千鹤文化传播有限公司

规　　格／开本：787mm×1092mm　1/16
　　　　　　印张：14.75　字数：193 千字
版　　次／2025 年 3 月第 1 版　2025 年 3 月第 1 次印刷
书　　号／ISBN 978-7-5228-5069-6
定　　价／128.00 元

读者服务电话：4008918866

本报告获游客行为监测与决策服务文化和旅游部技术创新中心支持出版

主编简介

钟栎娜　人文地理学博士，教授，2017 年获评北京市优秀青年人才。2018 年创立北京第二外国语学院中国文化和旅游大数据研究院，现任副院长。2017 年创立北京第二外国语学院文化旅游规划与设计研究院，现任执行院长。目前兼任全国旅游信息化教育教学专家委员会委员、北京大学旅游研究与规划中心特邀研究员、北京旅游区域合作中心副主任、拉萨市专家服务团成员。主要研究方向为文化旅游大数据和文化地理学。近十年共发表论文 80 篇，其中英文论文 43 篇，收录在 SSCI 23 篇、ISTP 6 篇、EI 3 篇；CSSCI 中文论文 16 篇。获得专利 11 项，软件著作权 3 项。参与编写图书 15 部，其中译著 2 部、蓝皮书 2 部。受邀编写英文图书章节 3 部。先后主持和参与纵向科研项目 38 项，其中国家基金项目 6 项，国际机构合作课题 3 项，国家部委课题 20 项。

邹统钎　博士，教授，博士生导师，北京第二外国语学院校长助理、北京第二外国语学院中国文化和旅游产业研究院院长、北京第二外国语学院中国文化和旅游大数据研究院院长。夏威夷大学访问学者，昆士兰大学与伯恩茅斯大学访问教授。历任北京第二外国语学院旅游管理学院副院长、院长，研究生处处长（学科规划与建设办公室主任），中国"一带一路"战略研究院执行副院长。主要社会兼职：世界旅游城市联合会专家委员会副主任，亚太旅游协会人力资本开发委员会委员，教育部旅游管理类专业教学指导委员会副主任，中国国土经济学会副理事长，中国旅游协会旅游教育分会副会长，国家社会科学基金委员会管理科学规划专家，国务院学位委员会全国MTA教育指导委员会委员，*Journal of Heritage Tourism*、*Journal of Northeast Asia Tourism Research*、《旅游学刊》、《旅游科学》、《世界遗产》编委。

信宏业 博士，教授，高级工程师，文化和旅游部信息中心副主任。曾任国家"863"计划、国家科技支撑计划、国家自然科学基金项目负责人。现任国家文化科技创新工程专家组成员、国家电子商务标准化总体组委员、国家金卡工程领导小组办公室专家组成员等。担任北京理工大学、北京邮电大学等多所院校兼职教授。主要研究方向为旅游信息化。主持制定了旅游信息化"十一五""十二五""十三五"发展规划。主持起草了《旅游电子商务网站建设技术规范》等多部国家标准。主持设计开发了全国导游IC卡管理系统、全国假日旅游预报系统等并进行了全国范围的应用推广，其中多项成果获得省部级科学技术进步奖。

摘　要

　　本书基于多维度、多来源的大数据，通过构建多层次、多方面的指标体系综合评价了各旅游目的地城市和地区的文化和旅游产业发展状况，综合分析了我国文化和旅游产业的发展现状，并结合数据分析结果与实际情况进一步对我国文化和旅游产业未来的发展方向提出相应建议。本书构建的文化和旅游产业发展大数据指标体系共包括三个维度：文化产业发展综合指数、旅游产业发展综合指数、文旅融合产业发展综合指数。整个指标体系共有 3 项一级指标、14 项二级指标、29 项三级指标和 110 项四级指标，指标权重采用专家打分法和熵值法综合确定。

　　我国文化和旅游产业持续向好发展，文化和旅游的融合依然是各省（区、市）文化和旅游产业发展的主旋律。文化和旅游产业发展总指数表现较为优异的有北京市、上海市、重庆市、天津市、广东省、浙江省、福建省、山东省、江苏省、海南省，其中四大直辖市的文化和旅游产业发展总指数高于平均值。四大直辖市的文化和旅游产业发展整体水平居全国前列，全国各省（区、市）文化和旅游产业发展水平差异较大，地区发展不均衡。

　　从一级指标来看，我国文化产业发展综合指数、旅游产业发展综合指数和文旅融合产业发展综合指数的权重依次为 0.5666、0.2697 和 0.1637，由此可知，我国旅游产业、文旅融合产业的地区发展差异相对较小，但文化产业的地区发展差异相对较大。北京市和上海市

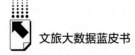

的 3 项一级指标均表现优秀，实现了文化、旅游和文旅融合产业的协调发展与高质量发展。

从区域差异来看，我国东部地区的文化和旅游产业发展水平领先。文化和旅游产业发展总指数从高到低依次为华北地区、华东地区、西南地区、华南地区、华中地区、东北地区、西北地区。华北和华东地区文化和旅游产业的整体发展水平较高，其次是西南、华南和华中地区，东北和西北地区文化和旅游产业整体发展水平较低。全国文化和旅游产业区域发展不平衡的问题愈发明显。

针对上述规律性认识，结合我国文化和旅游产业发展的实际情况，本书对我国文化和旅游产业的发展方向提出建议，以期促进我国文化和旅游产业的高质量发展。

关键词： 文化和旅游产业　大数据指标体系　文旅复苏　高质量发展

目 录 ᗡ

Ⅰ 总报告

Ⅱ 分类数据报告篇

Ⅲ 分区数据报告篇

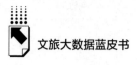
皮书数据库阅读**使用指南**

总 报 告

B.1
2023年中国文化和旅游产业
发展指数报告

钟栎娜　康菘园　邵心怡*

摘　要： 本报告分析表明，我国文化和旅游产业总体发展态势平稳向好。文化和旅游产业发展总指数较高的地区包括北京市、上海市、重庆市、天津市，以及广东省、浙江省、福建省、山东省、江苏省和海南省。然而，仅有四个直辖市的文化和旅游产业发展总指数超过全国平均水平。文化产业发展综合指数、旅游产业发展综合指数及文旅融合产业发展综合指数高于平均水平的同样仅有四大直辖市。总体来看，北京市、上海市、重庆市和天津市在文化和旅游产业发展方面表

* 钟栎娜，人文地理学博士，北京第二外国语学院中国文化和旅游大数据研究院副院长，主要研究方向为文化旅游大数据和文化地理学；康菘园，旅游管理学硕士，北京第二外国语学院中国文化和旅游大数据研究院研究员，主要研究方向为旅游大数据；邵心怡，硕士研究生在读，北京第二外国语学院中国文化和旅游大数据研究院研究员，主要研究方向为旅游大数据。

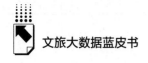
现突出，居全国前列。

关键词： 文化和旅游产业 大数据指标体系 熵值法 专家打分法

一 中国文化和旅游产业发展概述

改革开放以来，我国文化和旅游产业由小到大、由弱到强，日益成为具有显著时代特征的新兴战略性支柱产业和民生产业、幸福产业，文化和旅游产业不断发展壮大。我国文化和旅游产业经历了快速发展而又波澜壮阔的四十多年，探索形成了一条具有中国特色的旅游发展道路。在这条发展道路上，首先是政策助力，从第一阶段开放探亲旅游、边境旅游到第二阶段的旅游签证政策和自费出境旅游政策，再到第三阶段国内市场向外商独资旅行社开放等，在每一个关键阶段，各项政策极大地刺激了文旅市场的发展。其次是经济助力，2013～2023 年，我国 GDP 与城镇居民收入快速增长，人均可支配收入增长率达 5%～6%。直接影响便是刺激了文旅消费的意愿，为文旅行业提供了根本的物质基础。再次是产业助力，文旅产业的创新与多元化发展是文旅产业持续增长的重要动力，从航空到在线旅游，从酒店到景点，文旅产业链各个环节都变得更加便捷和高效。最后是技术助力，随着在线旅游平台的兴起，大数据、云计算等技术为我国文化和旅游产业的发展注入了新的活力，从数据层面看，全国旅游业更好地联系在一起，为游客提供更加精准和高效的旅游服务。在上述要素的支持下，文旅产业已经成为我国国民经济的支柱产业，并成为我国经济发展和社会进步的重要推动力。

2009 年 8 月 31 日，文化部和国家旅游局联合发布了《文化

部 国家旅游局关于促进文化与旅游结合发展的指导意见》。该指导意见提出，各地要从构建社会主义和谐社会的高度，以"树形象、提品质、增效益"为目标，采取积极措施加强文化与旅游结合，切实推动社会主义文化大发展大繁荣。同时，提出了十项重要举措：打造文化旅游系列活动品牌；打造高品质旅游演艺产品；利用非物质文化遗产资源优势，开发文化旅游产品；实施品牌引领战略，引导文化和旅游产品开展品牌化经营；鼓励主题公园、旅游度假区设立连锁网吧、游戏游艺场所；举办文化旅游项目推介洽谈会，推动文化和旅游企业开展合作；深度开发文化旅游工艺品（纪念品）；加强文化旅游产品的市场推广；积极培育文化旅游人才；规范文化旅游市场经营秩序①。2013 年，中央全面深化改革领导小组成立时，将旅游纳入文化体制改革的专项小组进行管理。2018 年 3 月，文化和旅游部正式挂牌成立，各省（区、市）的文化和旅游管理部门也相继设立，这意味着文旅产业发展进入一个全新的阶段，促进文化和旅游产业的融合发展也成为国家以及地方政府重点工作之一。

2019 年，我国文化和旅游产业快速发展。2019 年国内出游人数达 60.1 亿人次，同比增长 8.4%；实现旅游总收入 6.63 万亿元，同比增长 11.1%②。受新冠疫情影响，2020～2022 年我国文旅产业发展处于停滞状态，直至 2023 年，我国文化和旅游产业发展开始恢复向好。2023 年国内出游人数达 48.9 亿人次，同比

---

① 《文化部 国家旅游局关于促进文化与旅游结合发展的指导意见》，文化和旅游部网站，2009 年 8 月 31 日，https：//zwgk. mct. gov. cn/zfxxgkml/scgl/202012/t2020 1206_918160. html。
② 《中华人民共和国文化和旅游部 2019 年文化和旅游发展统计公报》，文化和旅游部网站，2020 年 6 月 20 日，https：//www. mct. gov. cn/whzx/ggtz/202006/t2020 0620_872735. htm。

增长 93.3%；国内游客出游花费 4.9 万亿元，同比增长 140.3%①
（见图 1）。

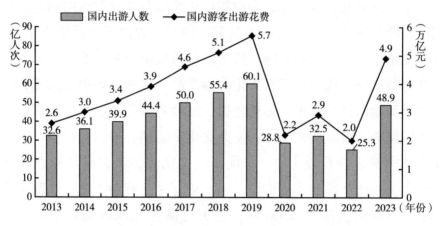

图 1　2013～2023 年中国文化和旅游产业发展情况

资料来源：文化和旅游部网站。

2023 年 2 月 21 日，文化和旅游部出台了《文化和旅游标准化工作管理办法》。该办法共五章二十八条，包括总则、机构与职责、标准的制定、标准实施和监督以及附则等内容。其中，第一章明确了标准化工作的目标、适用范围及基本原则；第二章重点阐述了标准化归口司局、业务司局及全国专业标准化技术委员会的管理职责；第三、四章则详细规定了文化和旅游标准制定、实施及监督全过程的管理程序②。该办法的实施对推动文化和旅游标准化工作的规范化管理、行业高质量发展发挥了重要作用。为推动《文化

① 《中华人民共和国文化和旅游部 2023 年文化和旅游发展统计公报》，文化和旅游部网站，2024 年 8 月 30 日，https：//zwgk.mct.gov.cn/zfxxgkml/tjxx/202408/t20240830_954981.html。

② 《文化和旅游部关于印发〈文化和旅游标准化工作管理办法〉的通知》，文化和旅游部网站，2023 年 2 月 21 日，https：//zwgk.mct.gov.cn/zfxxgkml/zcfg/gfxwj/202302/t20230224_939321.html。

和旅游标准化工作管理办法》实施，进一步规范文化和旅游标准化工作，2024年4月30日，文化和旅游部出台了《文化和旅游标准化工作细则》。该细则分六章四十一条，其中第一至三章依据文化和旅游部的职能，明确了国家标准、行业标准的工作流程，并规定了地方标准和团体标准的管理要求；第四章针对标准国际化工作提出了具体要求；第五章重点强调标准的宣传、实施与监督机制；第六章进一步细化了对全国专业标准化技术委员会的管理规定①。《文化和旅游标准化工作细则》的出台，将有效提升文化和旅游领域的标准化水平，为行业管理和服务能力的提升提供保障，并为推动高质量发展奠定坚实基础。

文化和旅游产业越来越成为推动经济发展，促进消费、投资、就业及产业升级的新引擎，因此对我国文化和旅游产业发展现状进行剖析，发现问题并解决问题，有助于进一步展望文化和旅游产业发展的未来。对我国文化和旅游产业进行研究对促进我国文化和旅游产业的可持续发展以及高质量发展具有重要的现实指导意义。

本报告构建多维度大数据分析框架，从文化产业发展综合指数、旅游产业发展综合指数和文旅融合产业发展综合指数三个主要维度，选取110项四级指标，对全国337个地级行政区文化和旅游产业发展现状进行系统分析，对我国文化和旅游产业发展现状、舆情动态和未来发展潜力进行全面评估。此外，本报告还深入阐释了不同类型旅游目的地城市的文旅投资价值，为地方政府进行科学的管理决策提供重要理论支撑，为企业投资建设提供精准的数据导向，为游客提供可靠的出行攻略，以促进文旅融合产业的高质量发展。

---

① 《文化和旅游部办公厅关于印发〈文化和旅游标准化工作细则〉的通知》，文化和旅游部网站，2024年5月6日，https：//zwgk.mct.gov.cn/zfxxgkml/kjjy/2024 05/t20240506_ 952690.html。

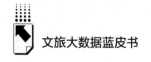

二 2023年文化和旅游产业发展数据总览

2024年2月9日，文化和旅游部正式发布了2023年国内旅游数据，概述了2023年我国旅游人数和旅游消费的基本情况。此外，2024年1月30日，国家统计局公布了2023年全国规模以上文化及相关产业企业的营业收入数据。

（一）2023年国内旅游数据

2023年，全国国内旅游总人数达到48.9亿人次，比2022年增加23.61亿人次，同比增长93.3%。其中，城镇居民国内旅游人数为37.58亿人次，农村居民国内旅游人数为11.33亿人次，同比分别增长94.9%和88.5%。按季度划分，第一季度国内旅游人数12.16亿人次，同比增长46.5%；第二季度国内旅游人数11.68亿人次，同比增长86.9%；第三季度国内旅游人数12.90亿人次，同比增长101.9%；第四季度国内旅游人数12.17亿人次，同比增长179.1%。2023年国内旅游收入（旅游总消费）达4.92万亿元，比上年增加2.87万亿元，同比增长140.3%。其中，城镇居民出游消费4.18万亿元，农村居民出游消费0.74万亿元，同比分别增长147.5%和106.4%。[1]

（二）2023年全国规模以上文化及相关产业企业营业收入情况

根据对全国7.3万家规模以上文化及相关产业企业的调查，2023年文化企业实现营业收入129515亿元，按可比口径计算，同比增长

---

[1] 《2023年国内旅游数据情况》，文化和旅游部网站，2023年2月9日，https://zwgk.mct.gov.cn/zfxxgkml/tjxx/202402/t20240208_951300.html。

8.2%，增速明显。其中，文化新业态特征突出的 16 个行业小类①营业收入达到 52395 亿元，同比增长 15.3%，快于全部规模以上文化企业7.1 个百分点②。从产业类型看，文化制造业、文化批发和零售业及文化服务业的营业收入都实现正增长，文化服务业的同比增长率最大。从领域看，文化核心领域和文化相关领域的营业收入呈正增长，文化核心领域的同比增长率较高。从行业类别看，文化装备生产营业收入同比下降 2.6%，其他行业均实现营业收入的正增长，其中文化娱乐休闲服务的同比增长率较高。从区域来看，东部地区、中部地区、西部地区和东北地区都实现营业收入的正增长，西部地区的同比增长率最高（见表 1）。整体来看，2023 年规模以上文化企业实现利润超万亿，文化企业经营效益持续提升。

表 1　2023 年全国规模以上文化及相关产业企业营业收入情况

单位：亿元，%

分类	绝对值	比上年增长	所占比重
一、营业收入	129515	8.2	100.0
其中:文化新业态	52395	15.3	40.5
按产业类型分			
文化制造业	40962	0.6	31.6
文化批发和零售业	20814	6.1	16.1

---

① 新业态特征明显的 16 个行业小类是：广播电视集成播控，互联网搜索服务，互联网其他信息服务，数字出版，其他文化艺术业，动漫、游戏数字内容服务，互联网游戏服务，多媒体、游戏动漫和数字出版软件开发，增值电信文化服务，其他文化数字内容服务，互联网广告服务，互联网文化娱乐平台，版权和文化软件服务，娱乐用智能无人飞行器制造，可穿戴智能文化设备制造，其他智能文化消费设备制造。

② 《2023 年全国规模以上文化及相关产业企业营业收入增长 8.2%》，国家统计局网站，2024 年 1 月 30 日，https://www.stats.gov.cn/sj/zxfb/202401/t20240129_1946971.html。

续表

分类	绝对值	比上年增长	所占比重
文化服务业	67739	14.1	52.3
按领域分			
文化核心领域	83978	12.2	64.8
文化相关领域	45537	1.5	35.2
按行业类别分			
新闻信息服务	17243	15.5	13.3
内容创作生产	28262	10.7	21.8
创意设计服务	21249	8.7	16.4
文化传播渠道	14797	11.9	11.4
文化投资运营	669	24.4	0.5
文化娱乐休闲服务	1758	63.2	1.4
文化辅助生产和中介服务	15468	0.4	11.9
文化装备生产	6282	-2.6	4.9
文化消费终端生产	23787	3.3	18.4
按区域分			
东部地区	101223	8.7	78.2
中部地区	15394	3.6	11.9
西部地区	11688	10.0	9.0
东北地区	1210	5.4	0.9
二、利润总额	11566	30.9	—
三、资产总计(期末)	196200	7.6	—

注：表中增速均为未扣除价格因素的名义增速；表中部分数据因四舍五入，存在总计与分项合计不等的情况。

资料来源：《2023年全国规模以上文化及相关产业企业营业收入增长8.2%》，国家统计局网站，2024年1月30日，https://www.stats.gov.cn/sj/zxfb/202401/t20240129_1946971.html。

（三）2023年春节假期文化和旅游市场情况

2023年春节假期，全国旅游市场迎来了良好开局。据文化和旅游部数据中心测算，春节7天假期内，全国共接待国内游客3.08亿人次，同比增长 23.1%，相当于恢复至 2019 年同期的 88.6%；实现国内旅游收入 3758.43 亿元，同比增长 30%，恢复至 2019 年同期的 71.3%[①]。全国各地整合优质文旅资源，丰富节日市场供给，相继出台景区门票减免或打折、发放文化和旅游消费券等惠民利民政策措施，助推文旅消费回暖，文旅市场加速增长。此外，年俗活动、夜间文化受到关注，多地聚焦"不夜城"特色，激发夜间消费活力。

（四）2023年清明节假期文化和旅游市场情况

根据文化和旅游部数据中心测算，2023 年清明节假期，全国国内旅游出游 2376.64 万人次，比 2022 年清明节当日增长 22.7%；预计实现国内旅游收入 65.20 亿元，较 2022 年清明节当日增长 29.1%。清明节假期，全国共有 14952 家 A 级旅游景区，其中正常开放 12635 家，占 A 级旅游景区总数的 84.5%[②]。旅游市场持续回暖，以踏青祭祖、登山赏花为主题的近郊游、乡村游成为"单日假期"选择热点。

（五）2023年"五一"假期文化和旅游市场情况

根据文化和旅游部数据中心测算，2023 年"五一"假期期间全国共实现国内旅游出游 2.74 亿人次，同比增长 70.83%，按可比口径相当于恢复至 2019 年同期水平的 119.09%；国内旅游收入达到 1480.56 亿元，同比增长 128.90%，恢复至 2019 年同期的 100.66%[③]。2023 年"五一"假期，文化和旅游市场延续增长态势，

---

① 《2023 年春节假期文化和旅游市场情况》，文化和旅游部网站，2023 年 1 月 27 日，https://www.mct.gov.cn/whzx/whyw/202301/t20230127_ 938781.htm。
② 《2023 年清明节假期文化和旅游市场情况》，文化和旅游部网站，2023 年 4 月 5 日，https://www.mct.gov.cn/preview/whzx/whyw/202304/t20230405_ 941176.htm。
③ 《2023 年"五一"假期文化和旅游市场情况》，文化和旅游部网站，2023 年 5 月 3 日，https://www.mct.gov.cn/whzx/whyw/202305/t20230503_ 943504.htm。

游客出游半径大幅增加，跨省游热度明显走高，"味蕾游"兴起，"特种兵式旅游"火爆，"文博演艺游"一票难求，"国风国潮游"热度不减，游客体验升级。

（六）2023年端午节假期文化和旅游市场情况

经文化和旅游部数据中心测算，2023 年端午节假期，全国国内旅游出游 1.06 亿人次，同比增长 32.3%，按可比口径恢复至 2019 年同期的 112.8%；实现国内旅游收入 373.10 亿元，同比增长 44.5%，恢复至 2019 年同期的 94.9%[①]。假日期间，文旅产品供给丰富，参观文博场馆、历史文化街区，参与各类非遗项目，参加音乐节、演唱会等文化活动成为热点。同时，由于各地气温普遍升高，夜间游、避暑游、康养游成为很多游客的首选。

（七）2023年中秋节、国庆节假期文化和旅游市场情况

根据文化和旅游部数据中心测算，2023 年中秋节、国庆节假期，全国实现国内旅游出游 8.26 亿人次，同比增长 71.3%，按可比口径较 2019 年增长 4.1%；实现国内旅游收入 7534.3 亿元，同比增长 129.5%，按可比口径较 2019 年增长 1.5%[②]。假日期间，中远程旅游实现较高增长，主要旅游目的地及热门景区消费活跃度持续高位运行，旅游需求多样性和个性化并存，"热点更热、冷点不冷"现象突出。文化和旅游行业结合假日特点，通过"旅游+"融合演艺、体育、非遗等，推出一系列体验丰富、备受游客青睐的活动和产品。

---

① 《2023 年端午节假期文化和旅游市场情况》，文化和旅游部网站，2023 年 6 月 24 日，https://www.mct.gov.cn/whzx/whyw/202306/t20230624_ 944663.htm。

② 《2023 年中秋节、国庆节假期文化和旅游市场情况》，文化和旅游部网站，2023 年 10 月 6 日，https://www.mct.gov.cn/whzx/whyw/202310/t20231006_ 947726.htm。

（八）文旅产业发展大事记

2023年，全国文化和旅游系统在以习近平同志为核心的党中央坚强领导下，履职尽责、顽强拼搏、开拓进取，深入学习贯彻习近平新时代中国特色社会主义思想和党的二十大精神，围绕中心、服务大局，统筹推进行业恢复发展，稳步推进各领域工作，全力做好基础保障工作，持续加强全面从严治党，推动文化和旅游工作取得积极进展。2023年，国家层面出台了一系列政策促进文化和旅游行业实现安全、有序、健康、积极发展（见附录一）。

三　2023年中国文化和旅游产业发展大数据分析

（一）中国文化和旅游产业发展大数据指标体系权重的确定

中国文化和旅游产业发展大数据指标体系由3个一级指标、14个二级指标、29个三级指标和110个四级指标构成（见表2）。一级指标文化产业发展综合指数包括文化传播指数、文化资源指数、文化产业指数和文化发展潜力指数4个二级指标，用于衡量各旅游目的地的文化发展水平；一级指标旅游产业发展综合指数下设城市旅游形象指数、城市旅游产业发展指数、旅游资源环境指数和旅游发展潜力指数4个二级指标，用于评估各地旅游产业的发展现状；一级指标文旅融合产业发展综合指数包含文旅资源融合指数、文旅融合产业指数、文旅信息融合指数、文旅融合影响力指数、时代融合指数和文旅产业发展弹性指数6个二级指标，旨在分析各地文旅融合的广度与深度。

为确定指标体系中各指标的权重，本报告采用主观赋权和客观赋权相结合的方式。主观赋权主要依赖评估者对各项指标重要性的主观判断，客观赋权则依据指标提供的客观信息进行计算。通过对大量相关研究的分析，本报告最终选用专家打分法与熵值法相结合的方法确定指标权重，其中专家打分法权重占30%，熵值法权重占70%[①]。

表2　中国文化和旅游产业发展大数据指标体系

一级指标	二级指标	三级指标	四级指标
文化产业发展综合指数（0.5666）	文化传播指数（0.4649）	国内文化影响力指数（0.2718）	全网热度指数（0.1155）
			微博热度指数（0.2131）
			抖音热度指数（0.2539）
			快手热度指数（0.3706）
			微信热度指数（0.0469）
		国外文化影响力指数（0.7282）	谷歌热度指数（0.6619）
			推特热度指数（0.3381）
	文化资源指数（0.1438）	文化遗产资源指数（0.5771）	世界文化遗产数量指数（0.7329）
			国家级非物质文化遗产数量指数（0.1438）
			国家重点文物保护单位数量指数（0.1233）
		文化运营资源指数（0.4229）	博物馆数量指数（0.1580）
			图书馆数量指数（0.2193）
			文化馆数量指数（0.1393）
			文化产业园区数量指数（0.3126）
			艺术表演团体个数指数（0.1708）
	文化产业指数（0.1893）	经济效益指数（1.000）	城镇居民文化消费指数（0.4881）
			城镇居民文化娱乐消费指数（0.5119）
	文化发展潜力指数（0.2020）	人才供给指数（0.9100）	文化、体育和娱乐业年末就业人员数指数（0.9000）
			文化、体育和娱乐业年末就业人员数占第三产业就业人数比重指数（0.1000）
		文化发展环境指数（0.0900）	文化新闻热度指数（0.6600）
			文化产业政策数量指数（0.3400）

---

① 指标权重计算公式为：$H_j = K_j \times 30\% + W_j \times 70\%$（$j = 1, 2, \cdots, n$）。其中，$H_j$ 表示第 j 个指标的权重，K_j 表示第 j 个指标专家打分法权重，W_j 表示第 j 个指标熵值法权重。

一级指标	二级指标	三级指标	四级指标
旅游产业发展综合指数（0.2697）	城市旅游形象指数（0.4096）	旅游舆情指数（0.0787）	住宿服务指数（0.0952）
			餐饮服务指数（0.0973）
			购物服务指数（0.1459）
			游览服务指数（0.0691）
			交通服务指数（0.1148）
			娱乐服务指数（0.1379）
			自然环境指数（0.1021）
			社会环境指数（0.2377）
		旅游影响力指数（0.9213）	全网热度指数（0.1215）
			微博热度指数（0.1987）
			谷歌热度指数（0.4242）
			推特热度指数（0.2556）
	城市旅游产业发展指数（0.1650）	旅游消费指数（0.4801）	国内旅游消费指数（0.1920）
			人均旅游消费指数（0.0100）
			团队游合同总额指数（0.7980）
		旅游流量指数（0.3352）	国内旅游人次指数（0.3225）
			国际旅游人次指数（0.6463）
			入境游客平均逗留天数指数（0.0312）
		产业地位指数（0.1847）	旅游产业收入占GDP比重的增速指数（0.0301）
			旅游产业收入占GDP比重指数（0.9699）
	旅游资源环境指数（0.1475）	旅游资源指数（0.3536）	国家5A级旅游景区个数指数（0.0981）
			世界自然遗产数量指数（0.4308）
			自然保护区密度指数（0.0901）
			森林资源密度指数（0.0497）
			水利资源密度指数（0.0766）
			旅游景区密度指数（0.1212）
			湿地面积密度指数（0.1335）
		旅游环境指数（0.6464）	商业服务密度指数（0.3259）
			餐饮密度指数（0.2393）
			酒店密度指数（0.1684）
			空气质量指数（0.0236）
			物价水平指数（0.0128）
			卫生水平指数（0.2300）

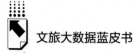

续表

一级指标	二级指标	三级指标	四级指标
旅游产业发展综合指数(0.2697)	旅游发展潜力指数(0.2780)	政府管理指数(0.6709)	旅游新闻热度指数(0.6975)
			旅游政策数量指数(0.3025)
		城市发展指数(0.2768)	绿地率指数(0.0013)
			体育休闲设施密度指数(0.1338)
			教育文化设施密度指数(0.1242)
			医疗服务密度指数(0.1222)
			铁路密度指数(0.1118)
			公路密度指数(0.0539)
			物流密度指数(0.1624)
			邮电密度指数(0.0692)
			机场吞吐量指数(0.2212)
		市场指数(0.0523)	市场地区人口指数(0.4693)
			市场地区人均收入指数(0.2168)
			旅游区位分析指数(0.3139)
文旅融合产业发展综合指数(0.1637)	文旅资源融合指数(0.1598)	文旅内容融合指数(0.5469)	"遗产+旅游"全网热度指数(0.1737)
			"民宿+旅游"全网热度指数(0.1698)
			"扶贫+旅游"全网热度指数(0.0345)
			"戏曲+旅游"全网热度指数(0.0533)
			"歌舞+旅游"全网热度指数(0.2824)
			"电影+旅游"全网热度指数(0.1501)
			"文创+旅游"全网热度指数(0.1362)
		文旅业态融合指数(0.4531)	同时拥有"历史文化名城"和"国内优秀旅游城市"称号指数(0.1106)
			A级景区官方名称中有"文化"关键词指数(0.0362)
			主题公园数量指数(0.0314)
			历史文化街区数量指数(0.1606)
			文化主题酒店数量指数(0.0786)
			文旅融合示范景区数量指数(0.2439)
			研学旅游示范基地数量指数(0.2306)
			旅游演出节目台数指数(0.1081)

续表

一级指标	二级指标	三级指标	四级指标	
文旅融合产业发展综合指数（0.1637）	文旅融合产业指数（0.1898）	文旅消费指数（0.3662）	旅游文创产品消费额指数（0.5500）	
			文旅消费总额指数（0.4500）	
		文旅发展潜力指数（0.6338）	文旅上市企业数量指数（0.4310）	
			文旅产业基金数量指数（0.2339）	
			文旅融合政策数量指数（0.3351）	
	文旅信息融合指数（0.1014）	数字化管理指数（0.6808）	数字博物馆数量指数（0.7616）	
			线上直播的景区数量指数（0.2384）	
		数字化评价指数（0.3192）	文旅局微博粉丝数指数（0.9184）	
			文旅局微信公众号指数（0.0816）	
	文旅融合影响力指数（0.3447）	国内影响力指数（0.2027）	百度新闻热度指数（0.0303）	
			今日头条新闻热度指数（0.0146）	
			抖音主题短视频数量指数（0.4205）	
			快手主题短视频数量指数（0.5346）	
		国外影响力指数（0.7973）	谷歌热度指数（0.5940）	
			推特热度指数（0.4060）	
	时代融合指数（0.1845）	乡村文旅指数（0.5754）	乡村文旅扶贫政策数量指数（0.2094）	
			乡村文旅扶贫新闻热度指数（0.4026）	
			乡村文旅政策数量指数（0.1929）	
			乡村文旅新闻热度指数（0.1651）	
			乡村旅游重点村数量指数（0.0300）	
		红色文旅指数（0.4246）	红色旅游景区数量指数（0.1069）	
			红色旅游线路数量指数（0.2018）	
			红色文旅政策数量指数（0.3628）	
			红色文旅新闻热度指数（0.3285）	
	文旅产业发展弹性指数（0.0198）	文化产业发展弹性指数（0.3274）	城镇居民文化消费占总支出的比重变化幅度指数（1.0000）	
		旅游产业发展弹性指数（0.6726）	国内旅游人次变化幅度指数（0.2480）	
			国际旅游人次变化幅度指数（0.7520）	

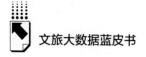

（二）全国指标分析

文化产业发展综合指数包含 4 个二级指标，分别是文化传播指数、文化资源指数、文化产业指数和文化发展潜力指数。文化传播指数包括国内文化影响力指数和国外文化影响力指数，相较而言，我国国外文化影响力低于国内文化影响力，我国仍然需要增强文化软实力，并实现国际传播。文化资源指数包括文化遗产资源指数和文化运营资源指数。我国拥有丰富的文化遗产资源，同时持续提升文化运营资源的开发能力。在文化产业指数中，经济效益指数是重要组成部分，但我国文化产业经济效益的乘数效应尚未得到充分发挥，需要进一步挖掘以提升整体经济效益。文化发展潜力指数则涵盖人才供给指数和文化发展环境指数。目前，我国文化产业从业人数依然较少，新闻关注度相对较低，文化相关政策也较为有限，表明文化产业仍有较大的发展空间。

旅游产业发展综合指数包括城市旅游形象指数、城市旅游产业发展指数、旅游资源环境指数和旅游发展潜力指数。其中，城市旅游形象指数由旅游舆情指数和旅游影响力指数组成，经测算各城市在旅游形象方面的差异并不显著。城市旅游产业发展指数则包含旅游消费指数、旅游流量指数和产业地位指数，我国国内旅游消费总额较高，但人均消费额较低，旅游流量、旅游收入及旅游收入占 GDP 的比重由于新冠疫情影响有所下降，目前处于逐步恢复阶段。旅游资源环境指数包括旅游资源指数和旅游环境指数，我国的旅游资源禀赋较高，但也要注意在发展旅游的同时保护环境，实现旅游产业的可持续发展。旅游发展潜力指数包括政府管理指数、城市发展指数和市场指数，我国政府的旅游管理水平、城市发展旅游的基础设施水平还需要进一步提高。

文旅融合产业发展综合指数由文旅资源融合指数、文旅融合产业指数、文旅信息融合指数、文旅融合影响力指数、时代融合指数以及文旅产业发展弹性指数组成。其中，文旅资源融合指数涵盖文旅内容融合指数和文旅业态融合指数。我国文旅内容融合随着遗产保护、民宿经济、扶贫项目、戏曲艺术、歌舞表演、电影产业以及文创产品等的不断发展而逐步深化。同时，文旅业态的融合伴随主题公园、历史文化街区、文化主题酒店、文旅融合示范景区、研学旅游示范基地以及旅游演出节目的蓬勃发展而持续推进。文旅融合产业指数包括文旅消费指数和文旅发展潜力指数，我国文旅消费总额较高，但文创产品占比较低，文化发展潜力有待挖掘。文旅信息融合指数包括数字化管理指数和数字化评价指数，虽然我国文旅数字化管理水平正在不断提高，但数字化评价仍有很大进步空间。文旅融合影响力指数包含国内影响力指数和国外影响力指数，我国文旅融合的国外影响力依然普遍低于国内影响力，且值得注意的是，国内抖音的传播效应要优于其他途径。时代融合指数包括乡村文旅指数和红色文旅指数，乡村文旅和红色文旅的热度和关注度逐步提高。文旅产业发展弹性指数包括文化产业发展弹性指数和旅游产业发展弹性指数，受新冠疫情影响，文化产业和旅游产业均受到不同程度的影响，文化产业发展弹性和旅游产业发展弹性均有待提高。

（三）各省（区、市）文化和旅游产业发展总指数

在文旅融合不断深入、产业转型不断推进的大政策背景下，文化和旅游产业的发展受到各省（区、市）的重点关注。本报告对各省（区、市）的文化和旅游产业发展各级指数进行统计分析，帮助各省（区、市）了解自身文旅发展现状，在明确优势与劣势的基础上，为各省（区、市）文化和旅游产业发展指明道路。

1. 文化和旅游产业发展总指数分析

2023年，北京市、上海市、重庆市、天津市、广东省、浙江省、

福建省、山东省、江苏省和海南省的表现较为突出。其中，只有北京市、上海市、重庆市、天津市的文化和旅游产业发展总指数超过了平均值（0.0852），其他省（区）则低于这一水平。这表明，直辖市的文化和旅游产业发展水平在全国处于领先地位，广东省、浙江省、福建省、山东省、江苏省、海南省也表现出较大的发展潜力（见表3）。

表3 2023年全国各省（区、市）文化和旅游产业发展总指数

省（区、市）	文化和旅游产业发展总指数	省（区、市）	文化和旅游产业发展总指数
北　京	0.8218	湖　南	0.0341
上　海	0.4551	吉　林	0.0306
重　庆	0.2706	云　南	0.0304
天　津	0.1167	安　徽	0.0303
广　东	0.0614	江　西	0.0296
浙　江	0.0585	广　西	0.0279
福　建	0.0566	辽　宁	0.0277
山　东	0.0564	贵　州	0.0266
江　苏	0.0552	内蒙古	0.0265
海　南	0.0495	宁　夏	0.0242
河　南	0.0462	新　疆	0.0241
河　北	0.0416	黑龙江	0.0239
湖　北	0.0400	西　藏	0.0228
陕　西	0.0399	青　海	0.0219
四　川	0.0348	甘　肃	0.0208
山　西	0.0346	平均值	0.0852

注：不含港澳台地区，余同。

2. 文化产业发展综合指数分析

在文化产业发展综合指数方面，北京市、上海市、重庆市、天津市、福建省、山东省、广东省、浙江省、江苏省、河南省表现较为突出，但只有北京市、上海市、重庆市、天津市的文化产业发展综合指数超过平均水平（0.0853），大部分省（区）的文化产业发展水平还

有待提高。

在文化传播指数方面，各省（区、市）的平均值为0.0614，高于平均值的有北京市、上海市、重庆市。在文化资源指数方面，各省（区、市）的平均值为0.0920，高于平均值的有北京市、上海市、重庆市、天津市。在文化产业指数方面，各省（区、市）的平均值为0.1471，高于平均值的有北京市、重庆市、上海市、天津市、山东省、福建省、广东省、河南省。在文化发展潜力指数方面，各省（区、市）的平均值为0.0773，只有北京市、上海市、重庆市、天津市高于平均水平（见表4）。

表4　2023年全国各省（区、市）文化产业发展综合指数及二级指标值

省(区、市)	文化产业发展综合指数	文化传播指数	文化资源指数	文化产业指数	文化发展潜力指数
北京	0.9529	0.9422	0.9694	1.0000	0.9215
上海	0.5077	0.6511	0.3237	0.5654	0.2545
重庆	0.2764	0.0711	0.3153	0.5655	0.4499
天津	0.1285	0.0516	0.1056	0.3761	0.0899
福建	0.0551	0.0111	0.0770	0.1738	0.0296
山东	0.0549	0.0085	0.0592	0.1934	0.0290
广东	0.0549	0.0178	0.0559	0.1651	0.0363
浙江	0.0547	0.0174	0.1003	0.1326	0.0351
江苏	0.0475	0.0112	0.0805	0.1253	0.0349
河南	0.0474	0.0117	0.0602	0.1538	0.0207
河北	0.0426	0.0060	0.0585	0.1352	0.0287
陕西	0.0351	0.0093	0.0633	0.0720	0.0399
山西	0.0345	0.0050	0.0804	0.0859	0.0215
湖北	0.0321	0.0100	0.0472	0.0649	0.0415
海南	0.0269	0.0107	0.0145	0.0600	0.0419
吉林	0.0261	0.0047	0.0299	0.0699	0.0315
内蒙古	0.0247	0.0028	0.0323	0.0782	0.0197
辽宁	0.0236	0.0042	0.0245	0.0715	0.0226

省(区、市)	文化产业发展综合指数	文化传播指数	文化资源指数	文化产业指数	文化发展潜力指数
湖　南	0.0236	0.0033	0.0361	0.0684	0.0192
四　川	0.0232	0.0078	0.0377	0.0378	0.0346
广　西	0.0193	0.0060	0.0172	0.0577	0.0153
江　西	0.0191	0.0053	0.0409	0.0419	0.0141
安　徽	0.0190	0.0056	0.0402	0.0405	0.0144
云　南	0.0184	0.0045	0.0345	0.0419	0.0168
宁　夏	0.0176	0.0022	0.0160	0.0406	0.0326
黑龙江	0.0171	0.0057	0.0128	0.0419	0.0233
贵　州	0.0171	0.0026	0.0371	0.0409	0.0137
甘　肃	0.0148	0.0040	0.0239	0.0293	0.0196
新　疆	0.0105	0.0038	0.0166	0.0227	0.0103
西　藏	0.0096	0.0048	0.0281	0.0018	0.0146
青　海	0.0082	0.0028	0.0125	0.0064	0.0192
平均值	0.0853	0.0614	0.0920	0.1471	0.0773

3. 旅游产业发展综合指数分析

从旅游产业发展综合指数来看，北京市、上海市、重庆市、天津市、海南省、广东省、江苏省、浙江省、福建省和山东省表现较好。然而，只有北京市、上海市、重庆市和天津市的综合指数高于平均值（0.0710），这表明直辖市在旅游产业发展方面仍然领先全国。

从二级指标的角度分析，各省（区、市）城市旅游形象指数和城市旅游产业发展指数表现相对突出，特别是四大直辖市始终保持优异表现。其中，北京市在城市旅游形象指数和城市旅游产业发展指数方面，上海市在城市旅游产业发展指数方面，均明显高于其他省（区、市）。在城市旅游形象指数方面，全国平均值为0.0706，北京市、上海市、重庆市、天津市和海南省超过这一水平，其余省（区）低于平均值。在城市旅游产业发展指数方面，平均值为0.1123，上海市、北京市和重庆市高于平均值，而其他省（区、市）低于平均水平。在旅游资源环境指数方面，全国平均值为0.0655，表现较好的包括上海市、北京市、重庆市、广东省、福建省、江苏省、浙江省、天津市、云南省和江西省，这10个省（市）指数超过平均水平。而在旅游发展潜力指数方面，全国平均值为0.0500，北京市、上海市、重庆市、天津市、海南省、江苏省和广东省指数高于平均水平（见表5）。

表5 2023年全国各省（区、市）旅游产业发展综合指数及二级指标值

省（区、市）	旅游产业发展综合指数	城市旅游形象指数	城市旅游产业发展指数	旅游资源环境指数	旅游发展潜力指数
北　京	0.5620	0.8723	0.6706	0.1422	0.2436
上　海	0.2991	0.2274	0.7283	0.1569	0.2397
重　庆	0.2638	0.2774	0.4413	0.1078	0.1800
天　津	0.0879	0.0837	0.1049	0.0820	0.0873
海　南	0.0708	0.0741	0.0735	0.0644	0.0679
广　东	0.0584	0.0443	0.0645	0.0999	0.0537
江　苏	0.0567	0.0470	0.0557	0.0858	0.0562
浙　江	0.0544	0.0492	0.0587	0.0847	0.0434
福　建	0.0525	0.0343	0.0886	0.0919	0.0368
山　东	0.0511	0.0521	0.0584	0.0523	0.0447
湖　北	0.0420	0.0293	0.0554	0.0631	0.0415
四　川	0.0402	0.0242	0.0495	0.0577	0.0488
云　南	0.0389	0.0237	0.0807	0.0756	0.0172
青　海	0.0382	0.0391	0.0275	0.0470	0.0386
江　西	0.0368	0.0167	0.0701	0.0755	0.0263
陕　西	0.0364	0.0278	0.0778	0.0419	0.0215
安　徽	0.0363	0.0261	0.0464	0.0501	0.0380
河　北	0.0340	0.0183	0.0799	0.0395	0.0271
湖　南	0.0339	0.0186	0.0595	0.0653	0.0247
广　西	0.0309	0.0194	0.0648	0.0509	0.0173
河　南	0.0301	0.0168	0.0546	0.0392	0.0303

省（区、市）	旅游产业发展综合指数	城市旅游形象指数	城市旅游产业发展指数	旅游资源环境指数	旅游发展潜力指数
贵　州	0.0294	0.0167	0.0629	0.0453	0.0199
吉　林	0.0288	0.0182	0.0691	0.0421	0.0133
辽　宁	0.0273	0.0167	0.0455	0.0464	0.0219
黑龙江	0.0264	0.0205	0.0414	0.0490	0.0141
山　西	0.0258	0.0144	0.0450	0.0387	0.0243
新　疆	0.0233	0.0198	0.0414	0.0359	0.0109
内蒙古	0.0227	0.0173	0.0457	0.0232	0.0169
宁　夏	0.0214	0.0128	0.0339	0.0287	0.0229
甘　肃	0.0203	0.0148	0.0463	0.0230	0.0115
西　藏	0.0202	0.0143	0.0382	0.0378	0.0091
平均值	0.0710	0.0706	0.1123	0.0655	0.0500

4. 文旅融合产业发展综合指数分析

在文旅融合产业发展综合指数方面，北京市、上海市、重庆市、天津市、海南省、广东省、江苏省、浙江省、西藏自治区和新疆维吾尔自治区表现较好。然而，仅北京市、上海市、重庆市和天津市的综合指数高于全国平均值（0.1083），其余大部分省（区）低于这一水平，表明多数地区文旅融合产业仍有较大的提升空间。

从文旅融合产业发展综合指数的二级指标来看，各省（区、市）表现存在差异。在文旅资源融合指数方面，北京市、上海市、天津市、重庆市、江苏省和浙江省的指数高于全国平均值（0.1035），其他省（区）则低于这一水平。在文旅融合产业指数方面，仅北京市、上海市、重庆市和天津市的指数超过平均值（0.0971），其余省（区）均未达到平均水平。文旅信息融合指数显示，北京市、上海市、河南省、重庆市、浙江省和山东省的指数高于平均值（0.0775），其他省

（区）低于这一水平。在文旅融合影响力指数中，北京市、上海市和重庆市表现突出，指数高于平均值（0.0591），其余省（区、市）的指数均低于平均值。同样，在时代融合指数方面，北京市、上海市和重庆市的表现优于平均值（0.0653），其他省（区、市）指数则低于平均值。文旅产业发展弹性指数方面，表现较为突出的包括北京市、上海市、重庆市、海南省、广东省、西藏自治区、新疆维吾尔自治区、湖南省、四川省、湖北省、安徽省、云南省、贵州省和广西壮族自治区，这14个省（区、市）的指数高于全国平均值（0.1790）。近一半的省（区、市）在这一指标上表现超过全国平均水平，表明这些地区文旅产业对外部环境变化的适应能力较强、响应速度较快（见表6）。

表6　2023年全国各省（区、市）文旅融合产业发展综合指数及二级指标值

省（区、市）	文旅融合产业发展综合指数	文旅资源融合指数	文旅融合产业指数	文旅信息融合指数	文旅融合影响力指数	时代融合指数	文旅产业发展弹性指数
北　京	0.7961	0.6577	0.9169	0.5676	0.9265	0.5551	0.2040
上　海	0.5305	0.5490	0.6709	0.3084	0.5266	0.3599	0.1960
重　庆	0.2621	0.3060	0.3071	0.1385	0.0917	0.3921	0.2000
天　津	0.1235	0.3115	0.1227	0.0450	0.0185	0.0590	0.1549
海　南	0.0925	0.0792	0.0435	0.0461	0.0559	0.0365	0.2219
广　东	0.0887	0.0559	0.0623	0.0455	0.0135	0.0283	0.2898
江　苏	0.0791	0.1145	0.0865	0.0599	0.0156	0.0412	0.1376
浙　江	0.0785	0.1091	0.0811	0.0946	0.0144	0.0322	0.1365
西　藏	0.0726	0.0233	0.0057	0.0313	0.0074	0.0080	0.3287
新　疆	0.0723	0.0410	0.0172	0.0369	0.0044	0.0238	0.2865
湖　南	0.0711	0.0287	0.0401	0.0533	0.0098	0.0236	0.2481
山　东	0.0702	0.0702	0.0714	0.0808	0.0094	0.0211	0.1630
福　建	0.0688	0.0660	0.0689	0.0762	0.0132	0.0325	0.1457
河　南	0.0684	0.0528	0.0565	0.1430	0.0073	0.0086	0.1660

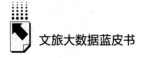
续表

省 (区、市)	文旅融合 产业发展 综合指数	文旅资源 融合指数	文旅融合 产业指数	文旅信息 融合指数	文旅融合 影响力 指数	时代融合 指数	文旅产业 发展弹性 指数
四　川	0.0660	0.0572	0.0236	0.0453	0.0074	0.0317	0.2136
湖　北	0.0640	0.0371	0.0302	0.0536	0.0164	0.0229	0.2011
陕　西	0.0624	0.0682	0.0411	0.0535	0.0087	0.0213	0.1697
安　徽	0.0597	0.0584	0.0278	0.0308	0.0064	0.0294	0.1863
云　南	0.0577	0.0456	0.0172	0.0433	0.0057	0.0097	0.2117
贵　州	0.0548	0.0254	0.0168	0.0293	0.0092	0.0313	0.1929
江　西	0.0541	0.0339	0.0266	0.0475	0.0057	0.0261	0.1739
广　西	0.0530	0.0373	0.0176	0.0301	0.0054	0.0146	0.1957
宁　夏	0.0514	0.0409	0.0507	0.0643	0.0069	0.0645	0.0782
河　北	0.0505	0.0441	0.0446	0.0460	0.0066	0.0262	0.1257
山　西	0.0499	0.0575	0.0439	0.0513	0.0042	0.0262	0.1132
吉　林	0.0492	0.0451	0.0296	0.0276	0.0080	0.0206	0.1465
黑龙江	0.0433	0.0466	0.0143	0.0254	0.0099	0.0133	0.1337
青　海	0.0426	0.0646	0.0089	0.0175	0.0022	0.0139	0.1381
甘　肃	0.0425	0.0311	0.0154	0.0288	0.0052	0.0179	0.1442
辽　宁	0.0425	0.0227	0.0255	0.0406	0.0055	0.0196	0.1320
内蒙古	0.0390	0.0285	0.0272	0.0403	0.0045	0.0134	0.1149
平均值	0.1083	0.1035	0.0971	0.0775	0.0591	0.0653	0.1790

本报告首先对我国文化和旅游产业的发展状况进行了概述,并详细分析了中国文化和旅游产业发展大数据指标体系的构建方法及权重计算过程。随后,借助这一大数据指标体系,对我国文化和旅游产业的整体发展现状进行了深入研究。研究表明,我国文旅资源禀赋优越,但在文化和旅游产业的经济效益与社会效益方面仍有提升空间,我国文旅发展的国际影响力还需要进一步提高。在文化和旅游产业持续发展的过程中,应鼓励文化和旅游产业发展较为成熟的地区,通过经验分享、技术支持和市场合作等方式,帮助其他地区加快发展步

伐。通过国家级的规划和政策引导，确保各地区文化和旅游资源得到合理分配和有效利用，打破我国文旅发展的地区不平衡局面。

四　中国文化和旅游产业发展政策建议

（一）中国文化和旅游产业发展未来展望

1. 文旅融合不断深化

进入 2024 年，中国文化和旅游产业发展如火如荼。2024 年上半年，全国国内出游人数达到 27.25 亿人次，同比增长 14.3%。其中，城镇居民国内出游人数达 20.87 亿人次，同比增长 12.3%；农村居民国内出游人数达 6.38 亿人次，同比增长 21.5%。按季度来看，第一季度国内出游人数为 14.19 亿人次，增幅为 16.7%；第二季度国内出游人数达到 13.06 亿人次，同比增长 11.8%。同期，国内游客出游总花费 2.73 万亿元，同比增长 19.0%。其中，城镇居民出游消费为 2.31 万亿元，同比增长 16.8%；农村居民出游消费达到 0.42 万亿元，同比大幅增长 32.6%[①]。这些数据表明，中国旅游产业恢复发展的态势持续向好。

旅游是文化的载体，中国旅游业的发展一定程度上促进了文化和旅游的深度融合。文化元素的融入大大丰富了旅游产品的内涵，许多旅游景区通过挖掘地方文化、历史故事、传统习俗等，开发具有文化底蕴的特色旅游项目。旅游也是文化传播的有效渠道，游客在旅游过程中，接触到当地的饮食文化、传统节庆文化、民俗文化等，这些文化体验不仅加深了游客的旅游感受，也成为传播文化的重要途径。随着文化产业的快速发展，许多具有影响力的文化 IP（知识产权）也

---

① 《2024 年上半年国内旅游数据情况》，文化和旅游部网站，2024 年 7 月 26 日，https：//zwgk.mct.gov.cn/zfxxgkml/tjxx/202407/t20240726_954368.html。

成为旅游资源开发的重要内容，以经典文学作品、影视剧、动画等为主题的旅游景点和体验馆相继出现，增强了游客的文化参与感。现代科技的应用也正在进一步推动文化与旅游的融合。通过借助虚拟现实（VR）、增强现实（AR）、5G等技术，文化和旅游的结合正在发生新的变革。随着社会需求的变化和政策的引导，文化与旅游的互动关系逐渐变得更加紧密，形成了一种互促共进的态势。2023年我国文旅融合产业发展综合指数较2022年上升了0.5%，文旅融合的不断深化成为中国文化和旅游产业发展的必然趋势。

2. **区域发展更加不平衡**

虽然中国文化和旅游融合之势呈现欣欣向荣的局面，但中国文化和旅游产业总体发展不均衡，且这种不均衡特征正在逐年凸显，形成了北京市"一家独大"的局面。具体而言，首先，中国的文化和自然旅游资源在不同地区的分布差异较大。东部沿海地区和一些历史文化名城，如北京、上海等，拥有丰富的文化遗产、历史建筑和较为完善的旅游设施，因此成为国内外游客的热门旅游目的地。而中西部地区虽然拥有壮美的自然风光和丰富的少数民族文化，但由于地理位置偏远、交通不便、基础设施相对落后，旅游资源的开发程度远低于东部地区。其次，东部沿海经济发达地区的交通、通信、住宿等旅游基础设施较为完善，游客体验更好。而中西部和偏远地区由于基础设施发展滞后、交通不便，旅游吸引力不足。最后，东部发达地区在文化和旅游产业的发展中具有更多的资金投入和政策支持，政府和企业能够投入大量资源进行旅游开发、宣传和基础设施建设。而中西部和偏远地区文化和旅游产业发展受到资金匮乏、投资力度不足的制约，开发进度缓慢、市场推广不足。此外，发达地区吸引了大量高素质的文化和旅游专业人才，他们参与旅游项目策划、管理、运营和推广，使当地的文化和旅游产业发展更加高效且具有创新性。而在偏远地区和欠发达地区，由于经济发展相对落后，吸引高水平人才的能力有限，文化和旅游产业管理水平较低，影响了旅游资源的开发质量和服务水平。

中国文化和旅游产业的区域发展不平衡是一个长期存在的问题，但也为进一步发展提供了机遇。通过政策的引导、市场的开发和科技的创新，可以逐步缩小区域差距，推动中国文化和旅游产业实现更加协调、均衡的发展，这是未来的重要任务。

（二）中国文化和旅游产业发展建议

1. 加强顶层设计，完善政府引导

要实现中国文化和旅游产业的可持续以及高质量发展，政府扮演着关键角色，不仅需要提供有力的政策支持，还需要营造良好的文旅消费环境。一是出台一系列政策措施提升国内旅游的质量和效益。通过改善旅游消费环境、重塑消费信心、满足游客多元化需求等一系列举措，助力旅游业高质量发展。二是营造良好消费环境。可以通过优化景区预约管理制度、完善旅游交通服务、有序发展夜间经济等措施，优化游客旅游消费体验。三是推动区域协调发展。围绕区域重大战略和重点城市群，进一步加快建设各类文化旅游带和旅游走廊，促进旅游业实现更均衡的发展。四是提升公共服务效能。加快旅游基础设施建设，提升公共服务水平，优化线上、线下旅游公共服务信息发布机制。五是深化重点领域改革。深化国内旅游市场重点领域改革，坚持创新驱动和融合发展，并建立部省联动的国内旅游提升计划实施协调保障机制，确保政策取得实效。

2. 强化科技赋能，推动产业创新

随着现代科技不断快速发展，现代科技在促进文化和旅游产业发展方面发挥越来越重要的作用。一是要通过 5G、大数据、云计算等技术，促进文化和旅游产业实现数字化转型，提高文化和旅游服务的智能化水平。可以通过数字化手段创新艺术表现形式，利用文化设施和旅游服务场所搭建数字化文化体验场景。二是要通过现代科技应用

提高文化和旅游产业运营效率，降低文化和旅游产业运营成本，通过智能管理系统优化资源配置，提高服务效率。三是要利用现代科技不断提高文化和旅游行业安全性。可以通过现代科技，如实时动态监测和行动捕捉技术，提高文化和旅游场所的安全性和应急响应能力，从而实现文化和旅游产业的高质量发展。四是要利用现代科技塑造文旅新业态。现代科技推动了文旅新业态的发展，旅游电子商务正在改变文化和旅游产业的运行模式，数字艺术、在线展览、虚拟旅游等新业态为文化和旅游产业带来了新的增长点。

3. 加速产业对接，融合多元市场

文化和旅游产业的发展涉及与其他产业的融合与对接，需要将对接端口开发好，以实现文化和旅游产业的多元化功能。一是"文旅+农业"。通过乡村旅游和农业体验，吸引游客参与农事活动，如采摘、农田观光等，促进地方经济发展。二是"文旅+工业"。结合工业遗产与旅游，开发工业旅游项目，如参观工厂、体验生产流程等，增强游客的参与感。三是"文旅+教育"。开展研学旅行，结合文化和历史教育，组织学生参观博物馆、历史遗址等，增强学习体验。四是"文旅+体育"。举办体育赛事与文化活动相结合的旅游项目，如马拉松、滑雪比赛等，吸引运动爱好者和游客。五是"文旅+科技"。利用虚拟现实、增强现实等技术，丰富游客的沉浸式体验，创造新的文旅产品和服务。六是"文旅+健康"。开发健康旅游项目，如温泉疗养、养生度假等，结合文化体验，提升游客的身心健康水平。文化和旅游产业与农业、工业、教育、体育、科技、健康等多个领域的深度融合，不仅丰富了文化和旅游产业的内涵，还推动了其他产业的发展，促进了资源的优化配置和经济的可持续增长，更实现了文化和旅游产业的多元化、外延式发展。

4. 加强品牌建设，促进国际推广

习近平总书记指出，"改革开放特别是党的十八大以来，我国旅

游发展步入快车道，形成全球最大国内旅游市场，成为国际旅游最大客源国和主要目的地"。① 长期以来，中国一直是世界旅游经济繁荣发展的关键力量，但中国文化和旅游产业的国际影响力相较于国内影响力而言还有较大的差距，因此，不断提高中国文化和旅游产业的国际影响力成为重要战略任务。随着全球化的推进和中国国际地位的提升，打造具有国际影响力的文旅品牌，不仅能吸引更多国际游客，还能促进中华文化走向世界，增强民众文化认同感和促进国际交流。一是打造独具特色的文旅品牌，中国拥有悠久的历史和丰富的文化遗产，各地文化、自然资源各具特色。因此，各地区应根据自身的资源禀赋，打造具有鲜明文化特色的文旅品牌。二是创新国际推广渠道，通过线上线下相结合的方式，最大限度地扩大品牌的全球影响力。借助社交媒体平台如 Instagram、Facebook、YouTube 等，发布多语言的旅游宣传视频、图片和短片，吸引全球年轻人关注。同时利用虚拟现实和增强现实技术，提供线上虚拟游览体验。三是打造文创产品，文创产品是传播中国文化的重要载体，也是文旅品牌的重要组成部分。应大力开发具有中国文化特色的文创产品，开发特色旅游纪念品并推向国际市场，提高中国文化影响力。

参考文献

张玉玲、方玉婷：《中国文旅融合与经济韧性时空特征及互动关系研究》，《热带地理》2024 年第 7 期。

① 《习近平对旅游工作作出重要指示：着力完善现代旅游业体系加快建设旅游强国 推动旅游业高质量发展行稳致远》，中国政府网，2024 年 5 月 17 日，https://www.gov.cn/yaowen/liebiao/202405/content_6951885.htm? menuid=197。

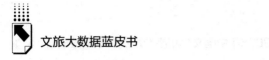
龙云等：《文旅融合政策创新体系研究——基于中央政策文本的"主体—路径—工具"三维框架分析》，《旅游学刊》2024 年第 5 期。

黄震方等：《数字赋能文旅深度融合的理论逻辑与研究框架》，《旅游科学》2024 年第 1 期。

舒伯阳、郭海荣：《文旅深度融合中的创意与科技双轨协同机制》，《中南民族大学学报》（人文社会科学版）2024 年第 6 期。

粟路军、叶成志、何学欢：《文旅融合发展促进共同富裕的理论逻辑与实现路径》，《经济地理》2023 年第 11 期。

宋昌耀、霍蕙苓、康泽华：《文旅融合赋能文化软实力的理论机理与发展路径》，《燕山大学学报》（哲学社会科学版）2024 年第 2 期。

杨莎莎、胡隆：《数字赋能背景下中国城市文旅融合水平测度及其时空特征》，《经济地理》2024 年第 5 期。

谢佳亮、王兆峰：《中国文旅融合发展效率动态演化及影响因素》，《经济地理》2024 年第 5 期。

胡玉洁等：《城镇化对文旅融合发展的影响机制——基于黄河流域的实证分析》，《河南大学学报》（自然科学版）2024 年第 3 期。

黄志锋、黄海湛、尤萍娜：《加快推进文旅产业融合发展问题研究——以泉州市为例》，《科技和产业》2024 年第 11 期。

卢晖临：《扎根城镇化与文旅融合之"道"》，《旅游学刊》2024 年第 6 期。

赵玲岚等：《数字技术赋能文旅融合的驱动机理及实现路径研究》，《河北旅游职业学院学报》2024 年第 2 期。

刘英基等：《数字经济赋能文旅融合高质量发展——机理、渠道与经验证据》，《旅游学刊》2023 年第 5 期。

李彬、毕媛媛、张阳：《文旅深度融合下市场主体融通创新战略及其实施路径研究》，《燕山大学学报》（哲学社会科学版）2024 年第 2 期。

丁利平：《文旅融合赋能乡村旅游高质量发展》，《当代县域经济》2024 年第 3 期。

杨立国、宁旺芬：《共生视角下古镇文旅融合的演化过程与机制——以阳朔镇为例》，《资源开发与市场》2024 年第 5 期。

郑军海、郑泽川、尹淼：《文旅产业融合发展的影响因素与路径研究——以山东省潍坊市为例》，《商展经济》2024 年第 7 期。

杜华君、张继焦：《从文旅融合发展看铸牢中华民族共同体意识的双重进路——基于中国式现代化的逻辑依循及实践指向》，《广西民族大学学报》（哲学社会科学版）2024 年第 3 期。

周海峰、王迅：《文旅融合背景下城市文旅产业发展路径创新研究——以江苏省常州市为例》，《商展经济》2024 年第 4 期。

吴江、陈坤祥、陈浩东：《数商兴农背景下数智赋能乡村农商文旅融合的逻辑与路径》，《武汉大学学报》（哲学社会科学版）2023 年第 4 期。

卢鸿：《新时代乡村农文旅融合发展路径研究》，《山西农经》2024 年第 10 期。

张安琪、雷甜：《文旅融合赋能城市品牌》，《文化产业》2024 年第 18 期。

刘雨桥：《文旅融合下辽宁乡村旅游服务系统设计研究——以红色主题为例》，《农业经济》2024 年第 3 期。

唐承财等：《传统村落文旅融合发展水平评价及影响路径》，《地理学报》2023 年第 4 期。

张嘉贝等：《黄河流域生态保护、数字经济与文旅融合耦合协调发展研究》，《资源开发与市场》2023 年第 12 期。

刘成坤、张茗泓：《数字经济助推我国文旅融合的作用机理研究》，《旅游论坛》2024 年第 4 期。

李欣儒：《文旅融合视角下地域性旅游品牌形象设计探究》，《鞋类工艺与设计》2023 年第 23 期。

杨利等：《数字经济赋能文旅融合的影响机制与门槛效应研究》，《统计与决策》2023 年第 12 期。

邵明华：《文旅融合的内容生产及其三重向度》，《人民论坛》2023 年第 18 期。

申晓娟：《文旅融合视域下的公共文化服务标准化》，《图书馆建设》2023 年第 2 期。

赵卫军：《山西文旅融合发展现状和路径研究》，《西部旅游》2024 年第 7 期。

罗大蒙、吴理财：《文化为魂：乡村文旅融合中的空间重构》，《南京社

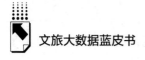

会科学》2023 年第 3 期。

李渊、梁嘉祺：《现代信息技术与文旅融合新途径》，《旅游学刊》2024 年第 1 期。

乔原杰：《文旅融合高质量发展背景下吉林省旅游行业人才需求特征分析》，《中国市场》2024 年第 1 期。

詹岚等：《基于扎根理论的中国文旅融合发展要素解析》，《资源开发与市场》2023 年第 6 期。

李丽、徐佳：《中国文旅产业融合发展水平测度及其驱动因素分析》，《统计与决策》2020 年第 20 期。

朱媛媛等：《长江中游城市群"文—旅"产业融合发展的空间效应及驱动机制研究》，《地理科学进展》2022 年第 5 期。

黄昌勇、解学芳：《中国城市文化指标体系的构建与实践》，《学术月刊》2017 年第 5 期。

陈波、刘宇：《文化和旅游融合指数评价体系研究——基于全国 31 个省（市、区）的考察》，《学习与实践》2021 年第 11 期。

王旭科、刘文静、李华：《全域旅游发展水平评价指标体系构建与实证》，《统计与决策》2019 年第 24 期。

王新越、伍烨轩：《中国东部地区国内旅游消费与城镇化协调关系研究》，《地理科学》2018 年第 7 期。

明翠琴、钟书华：《中国旅游业绿色增长评价指标体系设计》，《资源开发与市场》2017 年第 2 期。

刘雨婧、唐健雄：《长江经济带旅游业发展质量评价及其时空演变》，《经济地理》2022 年第 4 期。

马艳梅、吴玉鸣、吴柏钧：《长三角地区城镇化可持续发展综合评价——基于熵值法和象限图法》，《经济地理》2015 年第 6 期。

分类数据报告篇

B.2

2023年中国文化产业发展大数据报告

邹统钎　葛　灏　范　淼*

摘　要：　本报告旨在对我国文化产业的整体发展状况以及地区间发展差异展开分析。文化产业发展综合指数包含4项二级指标、7项三级指标以及21项四级指标。其中，北京市、上海市和深圳市在文化产业建设方面成效颇为显著。就各二级指标权重而言，文化传播指数权重为0.4649，文化资源指数权重为0.1438，文化产业指数权重为0.1893，文化发展潜力指数权重为0.2020。由此能够看出，不同地区在文化传播影响力方面存在较大差异，紧随其后的是文化产业效益、文化资源丰富程度以及文化发展潜力方面的差异。从地区差异角

---

*　邹统钎，博士，教授，博士生导师，北京第二外国语学院校长助理、中国文化和旅游产业研究院院长、中国文化和旅游大数据研究院院长，主要研究方向为旅游、文化、经济体制改革；葛灏，联通数字科技有限公司文旅行业总监、高级工程师，文化和旅游部技术创新中心负责人；范淼，硕士研究生在读，北京第二外国语学院中国文化和旅游大数据研究院研究员，主要研究方向为旅游大数据。

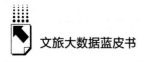

度来看，我国东部地区的文化产业发展水平高于中西部地区，各地区之间的文化产业发展水平差距较为明显。

关键词： 文化产业 文化资源 地区差异

一 文化产业发展综合指数分析

在文化产业发展综合指数中，北京市、上海市、深圳市、重庆市、成都市、广州市、郑州市、杭州市、西安市、南京市等表现突出。具体来看，直辖市中的北京市、上海市、重庆市表现优异，省会城市占据 6 个席位，另有副省级城市深圳位列其中（见表 1）。

表 1 2023 年部分城市文化产业发展综合指数

城市	文化传播指数	文化资源指数	文化产业指数	文化发展潜力指数	文化产业发展综合指数
北　京	0.9422	0.9694	1.0000	0.9215	0.9529
上　海	0.6511	0.3237	0.5654	0.2545	0.5077
深　圳	0.1082	0.1986	0.9846	0.1530	0.2962
重　庆	0.0711	0.3153	0.5655	0.4499	0.2764
成　都	0.0975	0.2514	0.4524	0.4968	0.2675
广　州	0.0964	0.2285	0.7095	0.1932	0.2510
郑　州	0.0232	0.2305	0.8773	0.1184	0.2339
杭　州	0.0833	0.3756	0.2908	0.1152	0.1711
西　安	0.0583	0.2316	0.4517	0.1189	0.1699
南　京	0.0599	0.2556	0.2863	0.1375	0.1466

在我国文化产业的版图中，各城市呈现差异化的发展格局。北京独占鳌头，文化产业发展综合指数高达 0.9529，二级指标亦在全国

居领先地位,综合实力超群。

上海文化产业发展综合指数为 0.5077,虽具备一定优势,但部分二级指标与北京相比差距显著,仍有较大的提升空间。

深圳的文化产业发展综合指数为 0.2962,文化产业指数表现突出,达 0.9846,仅次于北京,然而文化传播指数仅 0.1082,成为制约深圳文化产业综合水平提升的关键因素,深圳亟待加强文化传播以扩大国内外影响力。

重庆文化产业发展综合指数为 0.2764,文化产业指数与文化发展潜力指数在国内居前列,但文化传播指数表现欠佳,需要优化宣传推广与市场营销举措,以弥补短板。

成都文化产业发展综合指数为 0.2675,文化发展潜力指数、文化产业指数及文化资源指数表现良好,而文化传播指数仅 0.0975,传播力度不足,传播方式亟待优化创新,以增强文化传播效能。

广州文化产业综合发展指数为 0.2510,文化产业指数表现优秀,达 0.7095。依托自身的文化产业优势,广州市需要创新传播方式,进而提升文化传播指数。

郑州文化产业发展综合指数为 0.2339,文化产业指数处于领先的位置,但是相比之下文化传播指数较为落后,仅为 0.0232,传播优势不足。

杭州文化产业发展综合指数为 0.1711,文化传播指数相对较低,为 0.0833,具有较大的提升空间,需采取有效措施予以突破。

西安文化产业发展综合指数为 0.1699,整体表现尚可,但文化传播指数仅为 0.0583,相对偏低,需深入挖掘文化内涵与潜力,加大文化宣传力度,以提升文化传播影响力。

南京文化产业发展综合指数为 0.1466,文化产业指数为 0.2863,表现较为突出,后续应着力挖掘优质文化资源,拓展文化传播渠道,提升文化传播的综合影响力。

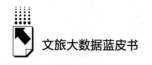

二 二级指标分析

（一）文化传播指数

文化传播指数用于衡量各旅游目的地城市文化在国内外互联网平台上所获热度与关注度，涵盖国内文化影响力指数及国外文化影响力指数2项三级指标。国内文化影响力指数由全网热度指数、微博热度指数、抖音热度指数、快手热度指数以及微信热度指数5项四级指标组成，而国外文化影响力指数由谷歌热度指数和推特热度指数2项四级指标组成。就指标权重而言，国内文化影响力指数权重为0.2718，国外文化影响力指数权重为0.7282。鉴于不同地区的国外文化影响力水平存在较大差异，国外文化影响力指数对于整体文化影响力的评价更为关键。

文化传播指数较高的城市包括北京市、上海市、深圳市、成都市、广州市、杭州市、武汉市、重庆市、信阳市和南京市。在这些城市里，北京市、上海市、深圳市的文化传播指数大于0.1，其中北京市以0.9422拔得头筹，凸显在文化传播影响力方面的领先地位。其他城市的文化传播指数分布在0.05~0.1，具有一定程度的差异。值得关注的是，北京市、上海市、成都市、信阳市的国内文化影响力指数处于较高水平。与之相对的是，信阳市的国外文化影响力指数较低，有必要采取措施提高国外文化影响力（见表2）。

表2 2023年部分城市文化传播指数

城市	国内文化影响力指数	国外文化影响力指数	文化传播指数
北 京	0.7875	1.0000	0.9422
上 海	0.2393	0.8049	0.6511
深 圳	0.0877	0.1159	0.1082

城市	国内文化影响力指数	国外文化影响力指数	文化传播指数
成　都	0.1139	0.0913	0.0975
广　州	0.0512	0.1133	0.0964
杭　州	0.0637	0.0906	0.0833
武　汉	0.0768	0.0820	0.0806
重　庆	0.1018	0.0597	0.0711
信　阳	0.2178	0.0009	0.0599
南　京	0.0759	0.0539	0.0599

（二）文化资源指数

文化资源涵盖了各类物质文化遗产、非物质文化遗产以及文博场馆等。文化资源指数由文化遗产资源指数与文化运营资源指数2项三级指标组成。具体而言，文化遗产资源指数包含世界文化遗产数量指数、国家级非物质文化遗产数量指数和国家重点文物保护单位数量指数3项四级指标；而文化运营资源指数由博物馆数量指数、图书馆数量指数、文化馆数量指数、文化产业园区数量指数以及艺术表演团体个数指数5项四级指标构成。

文化遗产资源指数和文化运营资源指数的权重分配相对均衡，分别为0.5771与0.4229，这表明各地区这两方面的资源分布并无显著的差异。

文化资源指数较高的城市包括北京市、杭州市、上海市、重庆市、苏州市、南京市、成都市、西安市、郑州市以及广州市（见表3）。其中，北京市文化资源指数高达0.9694，彰显其深厚的文化底蕴和丰富的资源储备。杭州市与上海市紧随其后，两者的文化资源指数均突破0.32，表现颇为亮眼。而其余城市的文化资源指数集聚在 0.22~0.32 这一较为狭窄的区间，彼此间的差距并不明显。

深入分析这些城市的文化资源结构，不难发现它们在文化运营资源和文化遗产资源维度均存在不同程度的差异。例如，郑州市和西安市在文化运营资源的整合与运用上稍显不足；广州市则在文化遗产资源的挖掘和传承方面尚有提升空间。对于郑州市而言，当务之急是优化文化机构的运营策略，全方位提升城市文化的运营效能；而广州市应着力于探寻和保护城市中潜藏的优秀文化遗产，通过科学开发与合理利用，充实文化遗产资源宝库，进而推动城市文化资源的均衡发展。

表3　2023 年部分城市文化资源指数

城市	文化遗产资源指数	文化运营资源指数	文化资源指数
北　京	1.0000	0.9276	0.9694
杭　州	0.3984	0.3445	0.3756
上　海	0.1256	0.5940	0.3237
重　庆	0.2666	0.3819	0.3153
苏　州	0.2478	0.3117	0.2748
南　京	0.2127	0.3143	0.2556
成　都	0.2055	0.3139	0.2514
西　安	0.2174	0.2511	0.2316
郑　州	0.2305	0.2305	0.2305
广　州	0.0586	0.4604	0.2285

（三）文化产业指数

文化产业指数着重反映各地文化产业的经济效益状况，构成相对精简，仅有经济效益指数 1 个三级指标。

文化产业指数靠前的城市包括北京市、深圳市、郑州市、广州市、重庆市、上海市、青岛市、成都市、西安市、石家庄市（见表4）。其中，北京市、深圳市、郑州市脱颖而出，指数均超过 0.87，彰显这些城市在文化产业领域强劲的发展势头与卓越成效，产业发展态势良好。其余城市文化产业指数集中于 0.42~0.71，彼此间差距并不显著，这意味着这些城市文化产业发展步调相对一致，发展水平相近。

综观上述城市文化产业发展格局，经济效益表现皆可圈可点，城市间差异不大。进一步探究可以发现，各城市自身的消费规模与消费结构亦呈现高度的相似性，呈现同步且均衡的发展态势，充分表明各城市文化产业发展结构已趋于优化状态，具备持续稳健发展的坚实基础。

表4　2023年部分城市文化产业指数

城市	经济效益指数	文化产业指数
北　京	1.0000	1.0000
深　圳	0.9846	0.9846
郑　州	0.8773	0.8773
广　州	0.7095	0.7095
重　庆	0.5655	0.5655
上　海	0.5654	0.5654
青　岛	0.4536	0.4536
成　都	0.4524	0.4524
西　安	0.4517	0.4517
石家庄	0.4209	0.4209

（四）文化发展潜力指数

文化发展潜力指数旨在精准度量各旅游目的地文化产业后续的成长潜能，由人才供给指数与文化发展环境指数2项三级指标构成。具体拆解来看，人才供给指数依托文化、体育和娱乐业年末就业人员数指数，以及文化、体育和娱乐业年末就业人员数占第三产业就业人数比重指数 2 项四级指标具象化；而文化发展环境指数则根据文化新闻热度指数、文化产业政策数量指数 2 项四级指标测算。人才供给指数权重为 0.9100，文化发展环境指数权重为 0.0900。

文化发展潜力指数表现突出的城市包括北京市、成都市、重庆市、上海市、广州市、深圳市、南京市、武汉市、西安市、郑州市（见表 5）。其中，北京市、成都市、重庆市文化发展潜力指数超过 0.44，文化产业的未来发展前景广阔、潜力巨大。相较而言，其余城市指数分布在 0.11~0.26，虽同样展现出一定的发展后劲，但彼此间差距并不显著。

聚焦上述城市，成都市、重庆市、广州市、深圳市文化人才汇聚层面成效较好，人才储备相对充裕，然而与之匹配的文化发展环境尚存优化提升空间，亟待在政策扶持、舆论热度营造等维度精准发力，以实现文化产业全方位、深层次的蓬勃发展。

表 5　2023 年部分城市文化发展潜力指数

城市	人才供给指数	文化发展环境指数	文化发展潜力指数
北　京	0.9137	1.0000	0.9215
成　都	0.5447	0.0122	0.4968
重　庆	0.4866	0.0785	0.4499
上　海	0.2378	0.4229	0.2545
广　州	0.2035	0.0890	0.1932
深　圳	0.1607	0.0756	0.1530
南　京	0.1486	0.0258	0.1375
武　汉	0.1329	0.0772	0.1279
西　安	0.1304	0.0024	0.1189
郑　州	0.1299	0.0028	0.1184

三　不同区域文化产业发展差异分析

（一）区域发展差异

依据国家统计局制定的区域划分标准，本报告把我国经济区域细分为东部、中部、西部与东北四大区域，具体划分如下。

东部地区包含北京市、天津市、河北省、上海市、江苏省、浙江省、福建省、山东省、广东省以及海南省，共 10 个省级行政区。中部地区涵盖山西省、安徽省、江西省、河南省、湖北省以及湖南省 6 个省级行政区。西部地区地域辽阔，包括内蒙古自治区、广西壮族自治区、重庆市、四川省、贵州省、云南省、西藏自治区、陕西省、甘肃省、青海省、宁夏回族自治区以及新疆维吾尔自治区，总计 12 个省级行政区。东北地区由辽宁省、吉林省与黑龙江省组成。[1]

1. 文化产业发展综合指数区域差异

在文化产业发展综合指数 TOP50 城市（自治州）范畴内，区域分布格局呈现显著差异。其中，东部地区凭借坚实的经济基础与深厚的文化底蕴，占据了 29 个席位；西部地区占据 10 个席位；中部地区有 7 个城市入围；东北地区则仅有 4 个城市入选（见表 6）。

聚焦文化产业发展综合指数表现极为突出的前 10 座城市不难发现，其中 6 个城市属于东部地区。这一现象与东部地区高度发达的经济以及源远流长的文化积淀存在紧密的内在联系，东部地区发达的经济为文化产业提供了充裕的资金支持、广阔的市场发展空间

---

[1] 《东西中部和东北地区划分方法》，国家统计局网站，2011 年 6 月 13 日，http：//www.stats.gov.cn/ztjc/zthd/sjtjr/dejtjkfr/tjkp/201106/t20110613_ 71947.htm。

与先进的技术手段，深厚的文化积淀则为文化创意、内容创作等诸多环节赋予了丰富的素材与灵感源泉，二者相辅相成，共同助力东部地区在文化产业领域脱颖而出。进一步从 TOP50 城市（自治州）维度剖析，山东省表现亮眼，占据了 7 个席位，这得益于山东多元且活跃的文化生态、较为完善的产业配套体系以及对文化产业发展的持续政策扶持；广东省凭借开放包容的市场环境、强大的科技研发与创新应用能力，稳占 5 个席位；福建省依托地域文化特色、不断拓展的对外文化交流渠道，夺得 3 个席位（见表7）。上述省份充分发挥各自优势，推动当地文化产业朝着更高水平迈进，成效卓著。

表6　2023 年文化产业发展综合指数 TOP50 城市（自治州）分布情况

单位：个

区域	城市（自治州）数量
东　部	29
西　部	10
中　部	7
东　北	4

表7　2023 年文化产业发展综合指数 TOP50 城市（自治州）

区域	省（区、市）	城市（自治州）	文化产业发展综合指数
东　部	北　京	北　京	0.9529
东　部	上　海	上　海	0.5077
东　部	广　东	深　圳	0.2962
西　部	重　庆	重　庆	0.2764
西　部	四　川	成　都	0.2675
东　部	广　东	广　州	0.2510
中　部	河　南	郑　州	0.2339

区　域	省（区、市）	城市（自治州）	文化产业发展综合指数
东　部	浙　江	杭　州	0.1711
西　部	陕　西	西　安	0.1699
东　部	江　苏	南　京	0.1466
中　部	湖　北	武　汉	0.1420
东　部	天　津	天　津	0.1285
东　部	山　东	青　岛	0.1251
东　部	山　东	济　南	0.1204
东　部	河　北	石家庄	0.1184
东　部	江　苏	苏　州	0.1163
东　部	福　建	厦　门	0.1070
中　部	河　南	洛　阳	0.1060
东　北	辽　宁	沈　阳	0.1054
东　部	福　建	泉　州	0.1048
西　部	云　南	昆　明	0.1034
东　部	福　建	福　州	0.0992
中　部	湖　南	长　沙	0.0979
东　北	黑龙江	哈尔滨	0.0972
西　部	广　西	南　宁	0.0937
东　部	山　东	临　沂	0.0936
东　北	吉　林	长　春	0.0919
东　部	广　东	东　莞	0.0897
东　部	浙　江	宁　波	0.0891
东　部	广　东	佛　山	0.0858
中　部	山　西	太　原	0.0845
东　部	山　东	济　宁	0.0790
东　部	山　东	潍　坊	0.0756
东　部	浙　江	温　州	0.0748
西　部	内蒙古	呼和浩特	0.0722
中　部	安　徽	合　肥	0.0711
东　北	辽　宁	大　连	0.0691
东　部	浙　江	金　华	0.0665
中　部	河　南	南　阳	0.0661
东　部	山　东	烟　台	0.0647

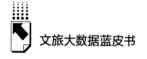

区域	省(区、市)	城市(自治州)	文化产业发展综合指数
东 部	江 苏	无 锡	0.0599
东 部	河 北	保 定	0.0599
东 部	河 北	邯 郸	0.0592
东 部	海 南	海 口	0.0588
西 部	甘 肃	兰 州	0.0577
西 部	宁 夏	银 川	0.0566
东 部	山 东	淄 博	0.0565
西 部	新 疆	乌鲁木齐	0.0552
西 部	贵 州	贵 阳	0.0533
东 部	广 东	惠 州	0.0529

2. 二级指标区域差异

(1) 文化传播指数的区域差异

文化传播指数 TOP50 城市(自治州)呈现鲜明的区域分布格局。东部地区有 24 个城市登榜,彰显东部地区在文化传播维度的突出优势;西部地区 10 个城市(自治州)位列其中,展现独特的地域文化传播活力;中部地区凭借自身特质,有 13 个城市成功上榜;东北地区则有 3 个城市入围(见表8)。聚焦文化传播指数表现出色的前 10 个城市,东部地区占据 6 个席位,这直观地反映出东部地区在国内外文化传播方面成效显著。东部地区拥有相对先进的传播技术、丰富的传播媒介资源,有力推动了本地文化的对外传播。从 TOP50 城市(自治州)分布角度审视,广东省凭借开放包容的文化环境与先进的传播手段,占据 6 个席位;河南省依托深厚的历史文化根基,通过多元传播策略提高影响力,占据 5 个席位;浙江省利用发达的数字经济赋能文化传播,占据 4 个席位(见表9)。

表8 2023年文化传播指数TOP50城市（自治州）分布情况

单位：个

区域	城市（自治州）数量
东　部	24
西　部	10
中　部	13
东　北	3

表9 2023年文化传播指数TOP50城市（自治州）

区域	省（区、市）	城市（自治州）	国内文化影响力指数	国外文化影响力指数	文化传播指数
东　部	北　京	北　京	0.7875	1.0000	0.9422
东　部	上　海	上　海	0.2393	0.8049	0.6511
东　部	广　东	深　圳	0.0877	0.1159	0.1082
西　部	四　川	成　都	0.1139	0.0913	0.0975
东　部	广　东	广　州	0.0512	0.1133	0.0964
东　部	浙　江	杭　州	0.0637	0.0906	0.0833
中　部	湖　北	武　汉	0.0768	0.0820	0.0806
西　部	重　庆	重　庆	0.1018	0.0597	0.0711
中　部	河　南	信　阳	0.2178	0.0009	0.0599
东　部	江　苏	南　京	0.0759	0.0539	0.0599
西　部	陕　西	西　安	0.1020	0.0420	0.0583
东　部	天　津	天　津	0.1059	0.0313	0.0516
中　部	河　南	洛　阳	0.1341	0.0089	0.0430
东　北	黑龙江	哈尔滨	0.0386	0.0406	0.0401
东　部	广　东	湛　江	0.1161	0.0044	0.0348
东　部	福　建	厦　门	0.0362	0.0296	0.0313
东　部	浙　江	宁　波	0.0477	0.0228	0.0296
东　部	山　东	济　南	0.0403	0.0223	0.0272
东　北	辽　宁	沈　阳	0.0283	0.0254	0.0262
东　北	吉　林	吉　林	0.0545	0.0136	0.0247
东　部	广　东	潮　州	0.0735	0.0063	0.0246
中　部	湖　北	咸　宁	0.0022	0.0312	0.0234
中　部	河　南	郑　州	0.0355	0.0186	0.0232
东　部	山　东	青　岛	0.0390	0.0171	0.0231

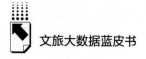

续表

区域	省(区、市)	城市 (自治州)	国内文化 影响力指数	国外文化 影响力指数	文化传播 指数
西 部	云 南	昆 明	0.0239	0.0226	0.0230
中 部	安 徽	六 安	0.0823	0.0005	0.0227
东 部	福 建	福 州	0.0828	0.0002	0.0226
东 部	广 东	中 山	0.0367	0.0169	0.0223
东 部	福 建	泉 州	0.0374	0.0164	0.0221
中 部	湖 南	长 沙	0.0322	0.0158	0.0203
中 部	安 徽	淮 南	0.0021	0.0264	0.0198
西 部	广 西	柳 州	0.0698	0.0009	0.0196
东 部	江 苏	扬 州	0.0191	0.0185	0.0187
东 部	浙 江	湖 州	0.0546	0.0045	0.0181
西 部	广 西	桂 林	0.0232	0.0156	0.0177
东 部	江 苏	无 锡	0.0251	0.0127	0.0161
西 部	四 川	巴 中	0.0584	0.0002	0.0160
中 部	江 西	南 昌	0.0220	0.0134	0.0157
中 部	河 南	商 丘	0.0505	0.0023	0.0154
东 部	海 南	三 亚	0.0218	0.0130	0.0154
东 部	河 北	石家庄	0.0443	0.0045	0.0153
东 部	山 东	潍 坊	0.0196	0.0135	0.0152
中 部	河 南	南 阳	0.0312	0.0090	0.0150
西 部	青 海	海 东	0.0533	0.0004	0.0148
西 部	新 疆	乌鲁木齐	0.0186	0.0125	0.0142
西 部	甘 肃	陇 南	0.0419	0.0027	0.0133
东 部	广 东	佛 山	0.0250	0.0089	0.0133
中 部	安 徽	黄 山	0.0235	0.0092	0.0131
中 部	山 西	大 同	0.0323	0.0057	0.0129
东 部	浙 江	温 州	0.0240	0.0087	0.0129

(2) 文化资源指数的区域差异

文化资源指数 TOP50 城市 (自治州、盟) 区域分布差异显著, 东部占 25 席, 中部占 13 席, 西部占 11 席, 东北仅占 1 席 (见表 10), 表明各地文化资源分布不均衡。总体而言, 东部和中部地区文化资源优势突出，文化遗产资源与运营资源丰富，为文化产业筑牢根基。西部和东北地区则资源丰度欠佳，需深挖潜力资源并精细化经营以提升竞争力。省域视角下，TOP50城市（自治州、盟）中，浙江省占5席，粤、闽、鲁、晋各占4席，冀、豫、鄂各占3席（见表11）。上述各省文化遗产与运营资源丰富，因为独特传承与运营得力，在文化资源版图中各显所长，共构多元生态。

表10　2023年文化资源指数TOP50城市（自治州、盟）分布情况

单位：个

区域	城市（自治州、盟）数量
东　部	25
西　部	11
中　部	13
东　北	1

表11　2023年文化资源指数TOP50城市（自治州、盟）

区域	省（区、市）	城市 （自治州、盟）	文化遗产 资源指数	文化运营 资源指数	文化资源 指数
东　部	北　京	北　京	1.0000	0.9276	0.9694
东　部	浙　江	杭　州	0.3984	0.3445	0.3756
东　部	上　海	上　海	0.1256	0.5940	0.3237
西　部	重　庆	重　庆	0.2666	0.3819	0.3153
东　部	江　苏	苏　州	0.2478	0.3117	0.2748
东　部	江　苏	南　京	0.2127	0.3143	0.2556
西　部	四　川	成　都	0.2055	0.3139	0.2514
西　部	陕　西	西　安	0.2174	0.2511	0.2316
中　部	河　南	郑　州	0.2305	0.2305	0.2305
东　部	广　东	广　州	0.0586	0.4604	0.2285
中　部	安　徽	黄　山	0.3594	0.0422	0.2252
东　部	广　东	深　圳	0.0140	0.4505	0.1986
中　部	山　西	晋　中	0.2650	0.0723	0.1836
东　部	福　建	泉　州	0.2068	0.1492	0.1824
中　部	河　南	洛　阳	0.2039	0.1448	0.1789
东　部	山　东	济　宁	0.1933	0.0903	0.1497

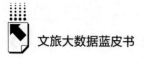

续表

区域	省(区、市)	城市 (自治州、盟)	文化遗产 资源指数	文化运营 资源指数	文化资源 指数
西 部	陕 西	渭 南	0.2055	0.0734	0.1497
东 部	福 建	厦 门	0.1685	0.1118	0.1446
东 部	山 东	泰 安	0.1797	0.0770	0.1363
中 部	江 西	九 江	0.1796	0.0737	0.1348
东 部	广 东	江 门	0.1596	0.0884	0.1295
西 部	云 南	红 河	0.1939	0.0323	0.1256
中 部	河 南	安 阳	0.1738	0.0572	0.1245
西 部	贵 州	遵 义	0.1656	0.0680	0.1243
东 部	河 北	承 德	0.1767	0.0503	0.1232
东 部	浙 江	宁 波	0.0619	0.1992	0.1200
中 部	山 西	大 同	0.1841	0.0318	0.1197
西 部	西 藏	拉 萨	0.1913	0.0215	0.1195
中 部	山 西	忻 州	0.1858	0.0270	0.1187
东 部	浙 江	温 州	0.0538	0.2064	0.1184
中 部	湖 北	十 堰	0.1721	0.0399	0.1162
中 部	湖 北	恩 施	0.1760	0.0268	0.1129
东 部	福 建	南 平	0.1712	0.0329	0.1127
西 部	四 川	乐 山	0.1633	0.0401	0.1112
东 部	山 东	青 岛	0.0161	0.2391	0.1104
西 部	甘 肃	酒 泉	0.1730	0.0236	0.1098
东 北	吉 林	通 化	0.1735	0.0225	0.1096
西 部	内蒙古	锡林郭勒	0.1723	0.0212	0.1084
东 部	天 津	天 津	0.0411	0.1935	0.1056
中 部	山 西	运 城	0.1305	0.0703	0.1050
东 部	浙 江	金 华	0.0801	0.1365	0.1039
中 部	湖 南	湘 西	0.1628	0.0230	0.1037
中 部	湖 北	武 汉	0.0337	0.1972	0.1028
西 部	云 南	丽 江	0.1614	0.0187	0.1011
东 部	河 北	保 定	0.0851	0.0983	0.0907
东 部	浙 江	绍 兴	0.0633	0.1259	0.0897
东 部	福 建	福 州	0.0460	0.1477	0.0890
东 部	广 东	东 莞	0.0196	0.1803	0.0876
东 部	山 东	济 南	0.0253	0.1706	0.0868
东 部	河 北	石家庄	0.0523	0.1333	0.0866

（3）文化产业指数的区域差异

2023 年，文化产业指数 TOP50 城市（自治州）区域分布呈鲜明差异态势。东部地区凭借综合优势，有 30 个城市上榜，领先优势明显；西部地区 9 个城市（自治州）表现不俗，中部地区 7 个城市（自治州）稳步发展，东北地区 4 个城市也在探索前行（见表 12）。总体而言，东部主导，中西部各有亮点。在 TOP50 城市（自治州）中，山东省凭借产业优势占 7 席，广东靠创新与市场占 6 席，福建、浙江各凭特色均占 4 席（见表 13）。上述各省文化产业经济效益突出，发展态势良好，为全国文化产业发展起到示范作用，经验值得其他地区借鉴与参考，有助于推动文化产业的整体进步与繁荣。

表 12　2023 年文化产业指数 TOP50 城市（自治州）分布情况

单位：个

区域	城市（自治州）数量
东　部	30
西　部	9
中　部	7
东　北	4

表 13　2023 年文化产业指数 TOP50 城市（自治州）

区域	省(区、市)	城市(自治州)	经济效益指数	文化产业指数
东　部	北　京	北　京	1.0000	1.0000
东　部	广　东	深　圳	0.9846	0.9846
中　部	河　南	郑　州	0.8773	0.8773
东　部	广　东	广　州	0.7095	0.7095
西　部	重　庆	重　庆	0.5655	0.5655
东　部	上　海	上　海	0.5654	0.5654
东　部	山　东	青　岛	0.4536	0.4536
西　部	四　川	成　都	0.4524	0.4524
西　部	陕　西	西　安	0.4517	0.4517
东　部	河　北	石家庄	0.4209	0.4209
东　部	山　东	临　沂	0.4152	0.4152

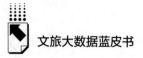

续表

区域	省（区、市）	城市（自治州）	经济效益指数	文化产业指数
东 部	山 东	济 南	0.4032	0.4032
中 部	湖 南	长 沙	0.3905	0.3905
东 部	天 津	天 津	0.3761	0.3761
西 部	广 西	南 宁	0.3695	0.3695
东 北	吉 林	长 春	0.3554	0.3554
西 部	云 南	昆 明	0.3529	0.3529
东 北	辽 宁	沈 阳	0.3503	0.3503
中 部	湖 北	武 汉	0.3376	0.3376
东 部	广 东	佛 山	0.3296	0.3296
东 部	福 建	泉 州	0.3290	0.3290
东 部	福 建	厦 门	0.3264	0.3264
东 部	江 苏	苏 州	0.3222	0.3222
东 部	广 东	东 莞	0.3214	0.3214
东 北	黑龙江	哈尔滨	0.3101	0.3101
东 部	福 建	福 州	0.3088	0.3088
东 部	浙 江	杭 州	0.2908	0.2908
中 部	山 西	太 原	0.2877	0.2877
东 部	江 苏	南 京	0.2863	0.2863
中 部	河 南	洛 阳	0.2852	0.2852
东 部	山 东	潍 坊	0.2807	0.2807
西 部	内蒙古	呼和浩特	0.2693	0.2693
东 部	山 东	济 宁	0.2540	0.2540
东 部	山 东	烟 台	0.2428	0.2428
东 部	浙 江	温 州	0.2414	0.2414
东 北	辽 宁	大 连	0.2368	0.2368
中 部	河 南	南 阳	0.2305	0.2305
中 部	安 徽	合 肥	0.2272	0.2272
东 部	浙 江	宁 波	0.2221	0.2221
东 部	河 北	邯 郸	0.2127	0.2127
东 部	河 北	保 定	0.2094	0.2094
东 部	山 东	淄 博	0.2071	0.2071
东 部	广 东	惠 州	0.2038	0.2038

区域	省(区、市)	城市(自治州)	经济效益指数	文化产业指数
东 部	福 建	漳 州	0.1965	0.1965
西 部	甘 肃	兰 州	0.1880	0.1880
东 部	浙 江	金 华	0.1845	0.1845
西 部	贵 州	贵 阳	0.1693	0.1693
东 部	江 苏	无 锡	0.1675	0.1675
西 部	新 疆	乌鲁木齐	0.1673	0.1673
东 部	广 东	中 山	0.1636	0.1636

（4）文化发展潜力指数的区域差异

文化发展潜力指数 TOP50 城市（自治州）区域分布特征鲜明。东部地区凭经济、人才与科技等优势，有 20 个城市入围，优势突出；西部地区依托地域文化等利好，有 14 个城市（自治州）上榜，表现可观；中部地区依托文化底蕴与产业基础，有 9 个城市（自治州）在榜；东北地区依托特色资源与转型契机，有 7 个城市入围（见表 14）。总体而言，东部领先，西部亦具潜力。在 TOP50 城市（自治州）中，湖北省积极作为，占 5 席；广东省凭借开放融合优势，占 4 席；吉林省、江苏省、浙江省各依优势，均占 3 席（见表 15）。上述各省在文化潜力挖掘上成效初显，为后续文化产业发展筑牢根基，前景较好，对其他省（区、市）具有参考价值，有望推动全国文化产业跨越式发展。

表 14　2023 年文化发展潜力指数 TOP50 城市（自治州）分布情况

单位：个

区域	城市（自治州）数量
东 部	20
西 部	14
中 部	9
东 北	7

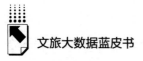

表15 2023年文化发展潜力指数TOP50城市（自治州）

区 域	省（区、市）	城市（自治州）	人才供给指数	文化发展环境指数	文化发展潜力指数
东　部	北　京	北　京	0.9137	1.0000	0.9215
西　部	四　川	成　都	0.5447	0.0122	0.4968
西　部	重　庆	重　庆	0.4866	0.0785	0.4499
东　部	上　海	上　海	0.2378	0.4229	0.2545
东　部	广　东	广　州	0.2035	0.0890	0.1932
东　部	广　东	深　圳	0.1607	0.0756	0.1530
东　部	江　苏	南　京	0.1486	0.0258	0.1375
中　部	湖　北	武　汉	0.1329	0.0772	0.1279
西　部	陕　西	西　安	0.1304	0.0024	0.1189
中　部	河　南	郑　州	0.1299	0.0028	0.1184
东　部	浙　江	杭　州	0.1239	0.0270	0.1152
西　部	宁　夏	银　川	0.1196	0.0041	0.1092
东　部	海　南	海　口	0.1181	0.0021	0.1077
东　部	河　北	石家庄	0.1039	0.0038	0.0949
东　部	山　东	济　南	0.1020	0.0105	0.0937
西　部	云　南	临　沧	0.0997	0.0033	0.0911
东　部	天　津	天　津	0.0961	0.0275	0.0899
东　北	吉　林	吉　林	0.0936	0.0152	0.0865
东　部	福　建	福　州	0.0906	0.0414	0.0862
东　北	辽　宁	沈　阳	0.0916	0.0077	0.0841
中　部	湖　北	宜　昌	0.0877	0.0010	0.0799
东　部	浙　江	宁　波	0.0863	0.0113	0.0795
西　部	云　南	昆　明	0.0844	0.0035	0.0771
东　部	广　东	珠　海	0.0813	0.0053	0.0744
西　部	青　海	玉　树	0.0817	0.0000	0.0744
中　部	山　西	太　原	0.0776	0.0037	0.0710
中　部	安　徽	合　肥	0.0773	0.0010	0.0704
东　北	吉　林	延　边	0.0722	0.0001	0.0657
西　部	新　疆	乌鲁木齐	0.0705	0.0008	0.0642
东　部	山　东	青　岛	0.0684	0.0050	0.0627
西　部	广　西	南　宁	0.0684	0.0044	0.0626
东　北	吉　林	长　春	0.0679	0.0087	0.0626
西　部	甘　肃	兰　州	0.0673	0.0013	0.0613

续表

区域	省（区、市）	城市（自治州）	人才供给指数	文化发展环境指数	文化发展潜力指数
东 北	黑龙江	哈尔滨	0.0645	0.0097	0.0596
西 部	内蒙古	呼和浩特	0.0649	0.0029	0.0593
西 部	陕 西	延 安	0.0638	0.0005	0.0581
中 部	湖 北	黄 冈	0.0627	0.0007	0.0571
中 部	湖 北	孝 感	0.0626	0.0014	0.0571
西 部	贵 州	贵 阳	0.0618	0.0019	0.0564
东 部	广 东	东 莞	0.0608	0.0039	0.0557
东 北	黑龙江	绥 化	0.0596	0.0036	0.0546
中 部	江 西	南 昌	0.0588	0.0088	0.0543
东 部	浙 江	金 华	0.0592	0.0037	0.0542
东 部	江 苏	苏 州	0.0535	0.0453	0.0528
东 部	海 南	三 亚	0.0543	0.0025	0.0496
东 部	福 建	厦 门	0.0535	0.0021	0.0489
东 部	江 苏	无 锡	0.0523	0.0082	0.0483
西 部	四 川	巴 中	0.0238	0.2932	0.0480
中 部	湖 北	襄 阳	0.0515	0.0008	0.0470
东 北	辽 宁	大 连	0.0512	0.0015	0.0467

（二）直辖市发展差异

深入探究我国四大直辖市的文化产业发展格局，不难发现其中的显著差异。北京作为首都，在文化产业领域具有压倒性优势，文化产业发展综合指数，以及文化传播指数、文化资源指数、文化产业指数、文化发展潜力指数等二级指标，均遥遥领先于其他三个直辖市。这一成就的背后，政府的强力助推无疑是关键因素，一系列高瞻远瞩的扶持政策、资金投入与资源倾斜，为北京文化产业的腾飞筑牢根基，使北京成为全国文化产业发展的标杆。

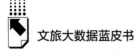

上海在文化产业方面的表现同样亮眼。文化传播指数与文化产业指数表现卓越，反映出上海蕴含巨大的发展潜能。作为文旅融合的先行者，上海独辟蹊径，大胆地将文化创意与时尚潮流深度融入都市旅游体系。一方面，"设计之都"的品牌活动、引领风尚的国际时装周以及热闹非凡的上海购物节等文创与时尚领域的经典范例的运作模式与前沿理念巧妙地渗透到旅游的每一个环节，为游客带来别具一格的体验；另一方面，迪士尼等国际知名都市文娱 IP 的引入，激起旅游业态创新的千层浪，大幅提升城市的文化魅力与国际知名度。

重庆扎根于深厚的历史土壤，巴渝文化源远流长，作为古巴渝地区的核心，承载着上千年的文化积淀，文化资源优势得天独厚，在文化产业指数方面表现不俗，展现出强劲的产业发展动力。然而，相较于北京、上海，重庆在文化传播层面仍显薄弱，亟待在传播策略的精研、传播渠道的多元拓展等关键环节发力，突破瓶颈，推动文化产业迈向更高层次的全面发展。

天津文化产业发展综合指数在直辖市中暂处劣势，各项指标均有待全方位、深层次优化提升。特别是文化传播指数与文化发展潜力指数表现相对欠佳，重庆亟须立足自身特色，挖掘潜力、精准施策，探寻一条突围之路，跟上其他直辖市文化产业发展的快节奏（见表 16）。

表 16　2023 年直辖市文化产业发展综合指数

直辖市	文化传播指数	文化资源指数	文化产业指数	文化发展潜力指数	文化产业发展综合指数
北　京	0.9422	0.9694	1.0000	0.9215	0.9529
上　海	0.6511	0.3237	0.5654	0.2545	0.5077
重　庆	0.0711	0.3153	0.5655	0.4499	0.2764
天　津	0.0516	0.1056	0.3761	0.0899	0.1285

（三）副省级/省会城市发展差异

在副省级及省会城市范畴内，就文化产业发展综合指数而言，表现较好的有深圳市、成都市、广州市、郑州市、杭州市、西安市、南京市、武汉市、青岛市以及济南市等（见表17）。

其中，广东省的深圳市与广州市在文化产业领域的突出表现，强有力地彰显广东省在全国文化产业发展格局中的领先地位。凭借前沿的产业理念、多元的创新模式以及雄厚的市场基础，广深等市持续推动文化产业迈上新高度。

而陕西省西安市、河南省郑州市、浙江省杭州市等均承载着数千年的历史文脉，文化底蕴厚重。古都西安文物古迹星罗棋布，为文化创意、文旅融合等产业提供了取之不尽的素材；郑州作为华夏文明的重要发祥地之一，传统与现代交织，孕育出独特的文化产业发展路径；杭州既有西湖文化等历史沉淀，又融入数字经济赋能的创新活力，为当地文化产业繁荣发展筑牢根基。

反观西宁市，受地理位置偏远、交通相对不便等客观因素制约，文化环境呈现相对封闭的态势，致使文化产业综合发展水平处于低位。鉴于此，未来西宁市亟须聚焦文化资源的深度挖掘与科学保护，强化文化产业的全方位建设，通过优化政策扶持体系、引进专业人才、拓展传播渠道等举措，逐步缩小与先进城市的差距，实现文化产业的跨越式发展。

表17　2023年副省级/省会城市文化产业发展综合指数

省（区）	城市	文化传播指数	文化资源指数	文化产业指数	文化发展潜力指数	文化产业发展综合指数
广　东	深　圳	0.1082	0.1986	0.9846	0.1530	0.2962
四　川	成　都	0.0975	0.2514	0.4524	0.4968	0.2675
广　东	广　州	0.0964	0.2285	0.7095	0.1932	0.2510

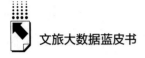

续表

省(区)	城市	文化传播指数	文化资源指数	文化产业指数	文化发展潜力指数	文化产业发展综合指数
河 南	郑 州	0.0232	0.2305	0.8773	0.1184	0.2339
浙 江	杭 州	0.0833	0.3756	0.2908	0.1152	0.1711
陕 西	西 安	0.0583	0.2316	0.4517	0.1189	0.1699
江 苏	南 京	0.0599	0.2556	0.2863	0.1375	0.1466
湖 北	武 汉	0.0806	0.1028	0.3376	0.1279	0.1420
山 东	青 岛	0.0231	0.1104	0.4536	0.0627	0.1251
山 东	济 南	0.0272	0.0868	0.4032	0.0937	0.1204
河 北	石家庄	0.0153	0.0866	0.4209	0.0949	0.1184
福 建	厦 门	0.0313	0.1446	0.3264	0.0489	0.1070
辽 宁	沈 阳	0.0262	0.0692	0.3503	0.0841	0.1054
云 南	昆 明	0.0230	0.0723	0.3529	0.0771	0.1034
福 建	福 州	0.0226	0.0890	0.3088	0.0862	0.0992
湖 南	长 沙	0.0203	0.0850	0.3905	0.0114	0.0979
黑龙江	哈尔滨	0.0401	0.0547	0.3101	0.0596	0.0972
吉 林	长 春	0.0120	0.0444	0.3554	0.0626	0.0919
浙 江	宁 波	0.0296	0.1200	0.2221	0.0795	0.0891
山 西	太 原	0.0093	0.0793	0.2877	0.0710	0.0845
内蒙古	呼和浩特	0.0070	0.0420	0.2693	0.0593	0.0722
安 徽	合 肥	0.0101	0.0636	0.2272	0.0704	0.0711
辽 宁	大 连	0.0115	0.0659	0.2368	0.0467	0.0691
海 南	海 口	0.0070	0.0332	0.1530	0.1077	0.0588
甘 肃	兰 州	0.0096	0.0370	0.1880	0.0613	0.0577
宁 夏	银 川	0.0055	0.0302	0.1461	0.1092	0.0566
新 疆	乌鲁木齐	0.0142	0.0279	0.1673	0.0642	0.0552
贵 州	贵 阳	0.0101	0.0363	0.1693	0.0564	0.0533
江 西	南 昌	0.0157	0.0551	0.1227	0.0543	0.0494
西 藏	拉 萨	0.0128	0.1195	0.0103	0.0373	0.0327
青 海	西 宁	0.0045	0.0153	0.0404	0.0311	0.0182

四 中国文化产业发展态势总体分析

近年来，中国文化产业呈蓬勃发展之势，成果丰硕，未来发展前景广阔。从文化产业发展综合指数维度剖析，北京作为国家首都，集政治中心、文化中心等多重属性于一体，文化产业发展成效斐然。在文化传播影响力范畴，北京凭借首都独有的资源汇聚优势与高度发达的传媒体系，各类文化元素广泛且高效地向外流动；着眼文化资源丰富度领域，故宫、八达岭长城等历史文化遗迹，与现代前沿的文化创意产业相得益彰；探究文化产业效益层面，众多文化企业依托庞大市场与政策扶持，经济效益持续提升；论及文化发展潜力维度，顶尖科研院校源源不断输送高素质人才，前沿科技成果率先落地转化，使北京全方位稳居全国前列，构筑文化产业高地。国际化大都市的定位赋予上海别样魅力，开放包容的城市特质孕育出多元且活跃的文化发展生态，全球多元文化在此交汇碰撞，激发无尽创意火花；成熟稳健的市场经济架构为文化产业经营运作提供了优渥土壤，产业链各环节紧密协同、高效流畅运转。京沪两地依凭各自得天独厚的优势，在中国文化产业高质量发展的征程中，担当关键的引领角色。

聚焦文化传播指数，TOP10 城市展现出非凡的文化传播能量。它们或依靠发达的传媒集群，或凭借广泛的国际交流，将本土文化精髓精准且有力地播撒至更广阔的天地。聚焦文化传播指数 TOP50 城市（自治州），东部地区依托雄厚经济根基搭建全方位、多层次的传播网络，大批城市崭露头角，占据领先地位；西部地区以别具一格的地域文化为匙，开启外界了解之门，斩获一定席位；中部地区深度挖掘自身文化内涵，逐步拓宽传播渠道；东北地区受困于产业结构固化与经济活跃度较低，表现欠佳。

剖析文化资源指数，TOP10 中的北京、杭州、上海、重庆、南京、成都、西安等城市仿若璀璨的文化明珠，为我国文化产业蓬勃发展筑牢根基。在文化资源指数 TOP50 城市（自治州、盟）中，东部地区凭借长期积累的经济实力与人才汇聚优势，在文化资源挖掘、保护、开发等环节深耕，占据较多席位；西部、中部、东北地区所占席位依序递减，彰显区域间文化资源开发的差距。

探究文化产业指数，北京、深圳依托强劲的创新驱动力与完备的产业生态体系取得不俗表现。相较之下，西安、杭州、南京虽有深厚的历史底蕴加持，但面临产业迭代升级压力、激烈市场竞争挑战，文化产业指数暂处相对弱势区间，亟须立足当下、着眼长远，精心谋划文化产业可持续发展蓝图。

展望文化发展潜力指数，北京、成都、重庆脱颖而出。北京集聚高端科研人才、前沿科技创新成果，为文化创新发展注入磅礴动力；成都以包容闲适的城市气质，吸引创意人才纷至沓来，激发文化创新活力；重庆凭借庞大人口基数与独特地域风情，孕育无限发展潜能。在文化发展潜力指数 TOP50 城市（自治州）中，东部地区凭借发达经济、多元机遇，吸引海量人才与优质项目，城市占比领先；西部、中部、东北地区紧随其后，差距渐显。

审视文化产业综合发展的区域差异，不平衡、不充分问题严峻。从文化产业发展综合指数到各细分指标，东部地区尽享经济发达、人才汇聚、政策倾斜等诸多利好，优势尽显。其他地区尤其是东北地区，饱受产业结构单一、人才外流等问题困扰，文化产业发展滞后，亟须强化政策扶持、优化发展环境、夯实文化建设根基。

聚焦四大直辖市，北京文化产业综合发展水平领先；天津受制于产业转型迟缓、创新驱动力不足等因素，在四大直辖市中暂居末位。但展望未来，每个直辖市皆蕴藏巨大的文化产业发展潜力，亟待深度挖掘以释放潜能。

着眼副省级、省会城市，深圳凭借敢为人先的创新精神与活跃的市场经济活力，文化产业发展综合指数一马当先，达 0.2962。广州、郑州依托较好的经济根基与庞大的消费市场，文化产业经济效益显著，指数排名靠前。成都则以独具一格的城市魅力吸引创意人才扎根，文化发展潜力指数独占鳌头，文化产业综合发展水平加速跃升。

参考文献

李舟等：《新时代促进中国经济高质量发展的路径选择》，《合肥学院学报》（综合版）2022 年第 3 期。

王宾：《数字化解读农村消费潜力》，《中国经济报告》2009 年第 2 期。

喻蕾：《区域与空间视角下中国城市规模分布与增长》，《人口与经济》2021 年第 5 期。

冯斐：《长江经济带文旅融合产业资源评价，利用效率及影响因素研究》，博士学位论文，华东师范大学，2020。

许玉明：《重庆市区域创新体系建设研究》，《中国科技论坛》2004 年第 4 期。

《借力数字化转型，上海文创产业找准高质量发展主攻点》，《文汇报》2021 年 4 月 1 日。

程善兰：《文旅融合视角下苏州历史文化旅游街区的保护与路径探讨》，《商业经济研究》2017 年第 12 期。

何一民：《推进长江沿江城市文旅融合与旅游业转型升级的思考》，《中华文化论坛》2016 年第 4 期。

关萍萍：《我国文化产业政策体系的 3P 评估》，《西南民族大学学报》（人文社会科学版）2012 年第 1 期。

李晓燕：《小城镇公共服务区域差异研究——基于省际数据的实证分析》，《首都经济贸易大学学报》2012 年第 4 期。

黄昌勇、解学芳：《中国城市文化指标体系的构建与实践》，《学术月刊》2017 年第 5 期。

洪亘伟：《不同地域新农村建设的城市规划对策研究》，《小城镇建设》2008 年第 5 期。

景秀丽、高博雅：《粤港澳大湾区文旅产业创新发展现状研究——基于

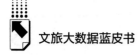
创新活力指数测度》,《辽宁大学学报》(哲学社会科学版) 2022 年第 3 期。

杨德勇、崔莹:《我国金融支持区域经济协调发展分析》,《改革与战略》2021 年第 8 期。

姚娟、王玲玉:《我国文旅产业高质量发展指标体系研究——基于科技赋能视角》,《市场周刊》2022 年第 9 期。

翁钢民、李凌雁:《中国旅游与文化产业融合发展的耦合协调度及空间相关分析》,《经济地理》2016 年第 1 期。

张娜等:《文旅耦合与区域经济增长关系研究——来自中国 31 省区市2008—2016 年的证据》,《文化软实力》2020 年第 2 期。

王克修、陈琼瑛:《文化和科技融合对发展文化产业的重要意义》,《新湘评论》2024 年第 13 期。

贾若曦:《地方广电主导文化产业园区转型发展探究——以苏州数智影视文化产业园为例》,《视听界》2024 年第 4 期。

B.3
2023年中国旅游产业发展大数据报告

信宏业 李奕萱 王瑶君*

摘　要：　本报告基于多源大数据视角，呈现了我国旅游产业发展的整体状况及区域差异。旅游产业发展综合指数由4项二级指标、10项三级指标和47项四级指标构成。北京市与上海市的旅游产业发展综合指数居全国前列。从具体指标来看，城市旅游形象指数的权重为0.4096，城市旅游产业发展指数的权重为0.1650，旅游资源环境指数的权重为0.1475，旅游发展潜力指数的权重为0.2780。由此可见，各地区在旅游形象方面差异最大，其次为旅游发展潜力，而旅游资源环境和旅游产业发展方面的差异较小。从区域差异来看，东部地区的旅游产业综合发展水平最高，中部地区和西部地区发展水平较为接近，而东北地区的旅游产业综合发展水平相对较低，仍需进一步提高发展质量。

关键词：　旅游产业　旅游形象　旅游资源

一　旅游产业发展综合指数分析

旅游产业发展综合指数较高的城市包括北京市、深圳市、上海

---

* 信宏业，博士，文化和旅游部信息中心副主任，教授，高级工程师，主要研究方向为旅游信息化；李奕萱，联通数字科技有限公司数据智能事业部科技攻关部模型开发高级工程师，主要研究方向为数据科学、大模型等；王瑶君，硕士研究生在读，北京第二外国语学院中国文化和旅游大数据研究院研究员，主要研究方向为旅游大数据。

市、重庆市、泰安市、广州市、武汉市、巴中市、杭州市和成都市（见表1）。其中，北京市以综合指数0.5620居全国首位；深圳市以综合指数0.3175排名第二。上海市、重庆市、泰安市、广州市和武汉市的综合指数在0.20~0.30之间，其余城市的综合指数则处于0.14~0.20之间。在这些城市中，直辖市有3个（北京、上海、重庆），省会城市有4个（广州、武汉、杭州、成都）。从区域分布来看，东部地区城市占据多数，共有6个；西部地区城市共3个，中部地区城市仅1个。总体来看，东部经济发达地区的旅游业发展水平较高，而部分西部城市也逐渐展现出增长潜力。

表1 2023年部分城市旅游产业发展综合指数

城市	城市旅游形象指数	城市旅游产业发展指数	旅游资源环境指数	旅游发展潜力指数	旅游产业发展综合指数
北　京	0.8723	0.6706	0.1422	0.2436	0.5620
深　圳	0.3067	0.2045	0.7225	0.3098	0.3175
上　海	0.2274	0.7283	0.1569	0.2397	0.2991
重　庆	0.2774	0.4413	0.1078	0.1800	0.2638
泰　安	0.4121	0.0446	0.1107	0.0344	0.2122
广　州	0.1999	0.2899	0.1518	0.2171	0.2118
武　汉	0.1889	0.1776	0.1115	0.2664	0.2001
巴　中	0.0734	0.0818	0.0287	0.5148	0.1929
杭　州	0.2099	0.1510	0.0925	0.1090	0.1573
成　都	0.1505	0.2495	0.0870	0.1046	0.1446

北京市旅游产业发展综合指数为0.5620，各二级指标表现突出，其中城市旅游形象指数和城市旅游产业发展指数分别达到0.8723和0.6706，旅游发展潜力指数为0.2436，而旅游资源环境指数为0.1422。可以看出，北京市旅游业的高质量发展主要得益于优异的城市旅游形象和较高的产业发展水平。相比之下，旅游发展潜力指数和

旅游资源环境指数偏低，未来需要进一步优化提升。

深圳市的旅游产业发展综合指数为 0.3175。其中，深圳市凭借优越的旅游资源环境条件，旅游资源环境指数高达 0.7225，居全国首位；此外，深圳旅游发展潜力也较为突出，相应指数为 0.3098；深圳具有良好的城市旅游形象，相应指数为 0.3067；相比于其他指标，深圳市的城市旅游产业发展指数较低，为 0.2045，但仍位于全国前列。

上海市的旅游产业发展综合指数为 0.2991，城市旅游产业发展指数表现较为优异，达 0.7283，位列全国第一。上海具有较好的旅游形象，旅游发展潜力较大，相应指数分别为 0.2274 和 0.2397；旅游资源环境指数相对较低，仅为 0.1569，未来建议深入挖掘旅游资源，优化旅游环境。

重庆市的旅游产业发展综合指数为 0.2638，在西部地区城市中排名第一。其中，城市旅游产业发展指数表现最为突出，为 0.4413；重庆市的旅游形象良好，相应指数为 0.2774；重庆市旅游发展潜力较大，相应指数为 0.1800；重庆市旅游资源环境指数相对较低，仅为 0.1078。

泰安市的旅游产业发展综合指数为 0.2122。其中，泰安市的城市旅游形象指数较高，为 0.4121，位列全国第二；旅游资源环境指数为 0.1107，表现相对较好；泰安市的城市旅游产业发展指数仅为 0.0446，旅游发展潜力指数仅为 0.0344，均有待提高。

广州市的旅游产业发展综合指数为 0.2118，各二级指标发展较为均衡，整体水平相对较高。其中，城市旅游产业发展运行表现良好，相应指数为 0.2899；旅游发展潜力指数达 0.2171，位居全国前列；城市旅游形象指数为 0.1999，表现较好；旅游资源环境指数为 0.1518，处于全国中上游水平。

武汉市的旅游产业发展综合指数为 0.2001。二级指标中，武汉

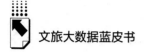
市旅游发展潜力指数表现突出，为 0.2664；城市旅游形象指数和城市旅游产业发展指数表现良好，城市旅游形象指数为 0.1889，城市旅游产业发展指数为 0.1776；旅游资源环境指数有待提高，目前仅为 0.1115。

巴中市的旅游产业发展综合指数为 0.1929，各二级指标发展不均衡。其中，旅游发展潜力指数达到 0.5148，表现最为突出。然而，其他指标表现较差，城市旅游形象指数仅为 0.0734，城市旅游产业发展指数仅为 0.0818，旅游资源环境指数仅为 0.0287，存在较大提升空间。

杭州市的旅游产业发展综合指数为 0.1573，城市旅游形象指数表现较好，达 0.2099；城市旅游产业发展指数为 0.1510，整体发展相对平稳；旅游资源环境指数为 0.0925，旅游发展潜力指数为 0.1090，相关领域仍需进一步强化。

成都市的旅游产业发展综合指数为 0.1446，二级指标中城市旅游产业发展指数方面表现最佳，为 0.2495；城市旅游形象指数和旅游发展潜力指数分别为 0.1505 和 0.1046，仍有提升空间。相比之下，旅游资源环境指数表现较差，仅为 0.0870，需重点关注并加大优化提升力度。

二　二级指标分析

（一）城市旅游形象指数

城市旅游形象指数反映了公众对旅游业各要素的评价以及各旅游目的地在国内外的影响力水平，主要由旅游舆情指数和旅游影响力指数 2 项三级指标组成。其中，旅游舆情指数涵盖住宿服务指数、餐饮服务指数、购物服务指数、游览服务指数、交通服务指数、娱乐服务指数、自然环境指数和社会环境指数等 8 项四级指标；旅游影响力指数则包括全网热度指数、微博热度指数、谷歌热度指数和推特热度指数4项四级指标。

在权重分配上，旅游舆情指数与旅游影响力指数的权重差距明显，前者权重为0.0787，后者高达0.9213。城市旅游形象指数较高的城市包括北京市、泰安市、深圳市、重庆市、上海市、杭州市、广州市、三亚市、武汉市和南京市（见表2）。其中，北京市以0.8723排名第一，这得益于极高的旅游影响力指数（0.8938）和较优的旅游舆情指数（0.6202）。泰安市位居第二，城市旅游形象指数为0.4121。其余城市的城市旅游形象指数分布在0.16~0.31。从区域分布来看，10个城市中有8个位于东部地区，西部地区的重庆市和中部地区的武汉市的城市旅游形象指数也较高。

表2　2023年部分城市的城市旅游形象指数

城市	旅游舆情指数	旅游影响力指数	城市旅游形象指数
北　京	0.6202	0.8938	0.8723
泰　安	0.1547	0.4341	0.4121
深　圳	0.3092	0.3065	0.3067
重　庆	0.1926	0.2846	0.2774
上　海	0.7621	0.1818	0.2274
杭　州	0.6146	0.1754	0.2099
广　州	0.3342	0.1884	0.1999
三　亚	0.3433	0.1763	0.1894
武　汉	0.2443	0.1842	0.1889
南　京	0.3822	0.1507	0.1689

（二）城市旅游产业发展指数

城市旅游产业发展指数主要反映旅游产业的经济运行情况，由旅游消费指数、旅游流量指数和产业地位指数3项三级指标构成。其

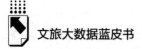

中，旅游消费指数包含国内旅游消费指数、人均旅游消费指数和团队游合同总额指数 3 项四级指标；旅游流量指数由国内旅游人次指数、国际旅游人次指数以及入境游客平均逗留天数指数 3 项四级指标组成；产业地位指数则由旅游产业收入占 GDP 比重的增速指数和旅游产业收入占 GDP 比重指数 2 项四级指标构成。

在指标权重方面，旅游消费指数的权重为 0.4801，旅游流量指数权重为 0.3352，产业地位指数权重相对较低，仅为 0.1847。

城市旅游产业发展指数表现较好的 10 个城市依次为上海市、北京市、重庆市、广州市、西安市、成都市、深圳市、丽江市、武汉市和福州市（见表 3）。其中，上海市和北京市的旅游产业发展水平居全国前列，两地城市旅游产业发展指数均超过 0.65；重庆市指数为 0.4413。其他城市（广州市、西安市、成都市、深圳市、丽江市、武汉市和福州市）的指数介于 0.17~0.29，城市间差距相对较小。

上海市和北京市在旅游消费指数与旅游流量指数方面表现尤为突出，但产业地位指数相对较低，这表明旅游产业在两座城市整体经济格局中的地位仍有提升空间。此外，广州市、深圳市的产业地位指数也相对较低。丽江市和西安市的产业地位指数较高，但旅游流量指数以及旅游消费指数较低，有待提升。成都市、武汉市和福州市的旅游流量指数较高，但旅游消费指数较低，应重视促进旅游消费。相较而言，重庆市的旅游产业发展较为均衡。

表3　2023 年部分城市的城市旅游产业发展指数

城市	旅游消费指数	旅游流量指数	产业地位指数	城市旅游产业发展指数
上　海	0.9067	0.8386	0.0648	0.7283
北　京	0.7400	0.8857	0.0997	0.6706
重　庆	0.3936	0.6779	0.1358	0.4413

城市	旅游消费指数	旅游流量指数	产业地位指数	城市旅游产业发展指数
广 州	0.3049	0.4032	0.0454	0.2899
西 安	0.0923	0.2702	0.8069	0.2839
成 都	0.0974	0.5229	0.1484	0.2495
深 圳	0.1939	0.2997	0.0593	0.2045
丽 江	0.0096	0.0262	0.9963	0.1974
武 汉	0.0945	0.2978	0.1757	0.1776
福 州	0.0673	0.3872	0.0643	0.1740

（三）旅游资源环境指数

旅游资源环境指数主要反映旅游目的地资源的丰富性和环境建设质量，由旅游资源指数和旅游环境指数 2 项三级指标构成。其中，旅游资源指数包括国家 5A 级旅游景区个数指数、世界自然遗产数量指数、自然保护区密度指数、森林资源密度指数、水利资源密度指数、旅游景区密度指数以及湿地面积密度指数 7 项四级指标；旅游环境指数涵盖商业服务密度指数、餐饮密度指数、酒店密度指数、空气质量指数、物价水平指数和卫生水平指数 6 项四级指标。

在指标权重上，旅游资源指数与旅游环境指数的权重存在较大差距，旅游资源指数的权重为 0.3536，而旅游环境指数的权重更高，达 0.6464。

旅游资源环境指数表现较为突出的城市（自治州）包括深圳市、东莞市、厦门市、中山市、阿坝藏族羌族自治州、苏州市、上海市、广州市、北京市、无锡市（见表 4）。深圳市的旅游资源环境指数达到了 0.7225，深圳市的旅游环境十分优越，相应指数高达 0.9726。其余城市（自治州）的旅游资源环境指数均处于 0.14~0.23，差距不大。阿坝藏族羌族自治州作为西部城市，具有丰富的旅游资源，相应指数达到 0.4999，但旅游环境指数较低，仅为 0.0079，应注重旅游环境建设。值得注意的是，在表现突出的 10 个城市中，有 9 个位于东部地区，其中有广东省的 4 个城市。这表明东部地区的旅游资源环境整体水平较高，尤其是广东省，在全国范围内处于领先位置。

表 4　2023 年部分城市（自治州）旅游资源环境指数

城市（自治州）	旅游资源指数	旅游环境指数	旅游资源环境指数
深　圳	0.2574	0.9726	0.7225
东　莞	0.1132	0.2822	0.2225
厦　门	0.1370	0.2156	0.1920
中　山	0.1108	0.1963	0.1719
阿　坝	0.4999	0.0079	0.1714
苏　州	0.1730	0.1247	0.1701
上　海	0.0669	0.1859	0.1569
广　州	0.1175	0.1567	0.1518
北　京	0.1258	0.1031	0.1422
无　锡	0.1353	0.1154	0.1417

（四）旅游发展潜力指数

旅游发展潜力指数主要衡量地方政府的旅游管理水平、城市发展基础以及旅游市场状况，由政府管理指数、城市发展指数和市场指数 3 项三级指标构成。其中，政府管理指数由政府新闻热度指数和旅游政策数量指数 2 项四级指标组成；城市发展指数包含绿地率指数、体育休闲设施密度指数、教育文化设施密度指数、医疗服务密度指数、铁路密度指数、公路密度指数、物流密度指数、邮电密度指数以及机场吞吐量指数 9 项四级指标；市场指数则由市场地区人口指数、市场地区人均收入指数和旅游区位分析指数 3 项四级指标构成。

在权重分配上，3项三级指标的权重差距较大，其中政府管理指数的权重最高，为0.6709；其次是城市发展指数，权重为0.2768；市场指数权重最低，仅为0.0523。

旅游发展潜力指数表现较好的城市包括巴中市、深圳市、武汉市、海东市、北京市、上海市、广州市、重庆市、烟台市和三沙市（见表5）。其中，巴中市的旅游发展潜力指数为0.5148，超过0.5，潜力较大；深圳市的旅游发展潜力指数为0.3098；武汉市、海东市、北京市、上海市、广州市的旅游发展潜力指数分布在0.21~0.27，差距较小；重庆市、烟台市和三沙市的指数集中于0.15~0.18，旅游发展潜力相近。巴中市的政府管理指数极高，达到0.7437，而城市发展指数相对落后，类似的城市还有烟台市、三沙市；而深圳市的城市发展指数极高，达到0.7385，但政府管理指数相对较低，类似的城市还有北京市和上海市，这表明不同的发展条件下，应针对各城市的短板加以优化提升。

表5　2023年部分城市旅游发展潜力指数

城市	政府管理指数	城市发展指数	市场指数	旅游发展潜力指数
巴　中	0.7437	0.0129	0.2349	0.5148
深　圳	0.1155	0.7385	0.5337	0.3098
武　汉	0.3048	0.1226	0.5344	0.2664
海　东	0.3680	0.0052	0.1004	0.2536
北　京	0.1681	0.3444	0.6783	0.2436
上　海	0.1648	0.3216	0.7666	0.2397
广　州	0.1729	0.2561	0.5781	0.2171
重　庆	0.1622	0.1255	0.6978	0.1800
烟　台	0.2183	0.0456	0.3924	0.1796
三　沙	0.2230	0.0103	0.1138	0.1585

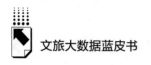

三 旅游产业区域发展差异分析

（一）区域发展差异

本报告所涉及东部、中部、西部和东北地区的具体划分为：东部地区由北京市、天津市、河北省、上海市、江苏省、浙江省、福建省、山东省、广东省和海南省 10 省（市）构成；中部地区由山西省、安徽省、江西省、河南省、湖北省和湖南省 6 省组成；西部地区由内蒙古自治区、广西壮族自治区、重庆市、四川省、贵州省、云南省、西藏自治区、陕西省、甘肃省、青海省、宁夏回族自治区和新疆维吾尔自治区 12 省（区、市）构成；东北地区由辽宁省、吉林省和黑龙江省 3 省组成[①]。

1. 旅游产业发展综合指数区域差异

在旅游产业发展综合指数 TOP50 城市（自治州）中，东部地区占据 25 个席位，中部地区占据 9 个席位，西部地区占据 13 个席位，东北地区占据 3 个席位（见表 6）。其中，在 TOP10 城市中，东部地区占据了 6 个席位，这表明东部地区的旅游产业综合发展水平在全国处于领先地位。相较而言，西部地区和中部地区在 TOP50 中所占席位处于中等水平，而东北地区所占席位最少，需要进一步提升区域旅游产业发展的速度和质量。广东省的旅游业表现尤为突出，展现出强大的集聚效应。在旅游产业发展综合指数 TOP50 城市（自治州）中，广东省占据 6 个席位，展现较高的旅游业发展水平（见表 7）。

[①] 《东西中部和东北地区划分方法》，国家统计局网站，2011 年 6 月 13 日，http://www.stats.gov.cn/ztjc/zthd/sjtjr/dejtjkfr/tjkp/201106/t20110613_71947.htm。

表 6　2023 年旅游产业发展综合指数 TOP50 城市
（自治州）分布情况

单位：个

区域	城市（自治州）数量
东　部	25
中　部	9
西　部	13
东　北	3

表 7　2023 年旅游产业发展综合指数 TOP50 城市（自治州）

区域	省（区、市）	城市（自治州）	旅游产业发展综合指数
东　部	北　京	北　京	0.5620
东　部	广　东	深　圳	0.3175
东　部	上　海	上　海	0.2991
西　部	重　庆	重　庆	0.2638
东　部	山　东	泰　安	0.2122
东　部	广　东	广　州	0.2118
中　部	湖　北	武　汉	0.2001
西　部	四　川	巴　中	0.1929
东　部	浙　江	杭　州	0.1573
西　部	四　川	成　都	0.1446
东　部	江　苏	苏　州	0.1432
西　部	陕　西	西　安	0.1420
东　部	海　南	三　亚	0.1404
东　部	江　苏	南　京	0.1287
西　部	青　海	海　东	0.1209
东　部	福　建	厦　门	0.1127
西　部	云　南	丽　江	0.0939
东　北	黑龙江	哈尔滨	0.0926
东　部	福　建	福　州	0.0896
东　部	天　津	天　津	0.0879
东　部	山　东	青　岛	0.0851
中　部	安　徽	六　安	0.0831

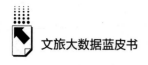

续表

区域	省(区、市)	城市(自治州)	旅游产业发展综合指数
中 部	湖 南	长 沙	0.0810
东 部	山 东	烟 台	0.0807
东 部	海 南	三 沙	0.0793
中 部	河 南	郑 州	0.0779
中 部	安 徽	黄 山	0.0746
东 部	广 东	东 莞	0.0729
东 部	江 苏	无 锡	0.0722
西 部	云 南	昆 明	0.0720
东 部	浙 江	宁 波	0.0714
中 部	湖 南	张家界	0.0711
东 部	山 东	济 南	0.0708
东 部	广 东	佛 山	0.0699
东 部	江 苏	南 通	0.0677
西 部	四 川	乐 山	0.0674
中 部	江 西	上 饶	0.0658
东 部	福 建	泉 州	0.0650
西 部	云 南	迪 庆	0.0641
西 部	四 川	阿 坝	0.0637
西 部	广 西	桂 林	0.0634
中 部	安 徽	合 肥	0.0616
东 部	广 东	珠 海	0.0604
西 部	广 西	南 宁	0.0597
东 北	吉 林	长 春	0.0588
西 部	云 南	大 理	0.0578
东 部	广 东	中 山	0.0571
东 北	辽 宁	沈 阳	0.0570
中 部	河 南	洛 阳	0.0566
东 部	浙 江	温 州	0.0558

2. 二级指标区域差异

(1) 城市旅游形象指数的区域差异

在城市旅游形象指数 TOP50 城市(自治州、地区)中,东部地区占据 24 个席位，西部地区占据 13 个席位，中部地区占据 8 个席位，东北地区占据 5 个席位（见表 8）。其中，西部地区的城市在旅游形象建设水平上有显著提升。在 TOP10 中，东部地区占据 8 个席位，这充分体现了东部地区在城市旅游形象建设方面的优异成果（见表 9）。

此外，在城市旅游形象指数 TOP50 中，江苏省、浙江省、广东省和安徽省各有 4 个城市上榜，表明这 4 个省的城市旅游形象建设整体表现出色。总体来看，直辖市和省会城市在城市旅游形象指数中表现尤为突出，具有领先优势。

表 8 2023 年城市旅游形象指数 TOP50 城市（自治州、地区）分布情况

单位：个

区域	城市（自治州、地区）数量
东 部	24
中 部	8
西 部	13
东 北	5

表 9 2023 年城市旅游形象指数 TOP50 城市（自治州、地区）

区域	省（区、市）	城市（自治州、地区）	旅游舆情指数	旅游影响力指数	城市旅游形象指数
东 部	北 京	北 京	0.6202	0.8938	0.8723
东 部	山 东	泰 安	0.1547	0.4341	0.4121
东 部	广 东	深 圳	0.3092	0.3065	0.3067
西 部	重 庆	重 庆	0.1926	0.2846	0.2774
东 部	上 海	上 海	0.7621	0.1818	0.2274
东 部	浙 江	杭 州	0.6146	0.1754	0.2099
东 部	广 东	广 州	0.3342	0.1884	0.1999
东 部	海 南	三 亚	0.3433	0.1763	0.1894
中 部	湖 北	武 汉	0.2443	0.1842	0.1889

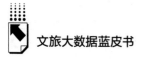

续表

区域	省(区、市)	城市 (自治州、地区)	旅游舆情 指数	旅游影响力 指数	城市旅游 形象指数
东 部	江 苏	南 京	0.3822	0.1507	0.1689
西 部	四 川	成 都	0.2293	0.1438	0.1505
西 部	陕 西	西 安	0.2581	0.1384	0.1478
东 部	江 苏	苏 州	0.7571	0.0931	0.1453
东 部	福 建	厦 门	0.2051	0.1147	0.1218
东 北	黑龙江	哈尔滨	0.1337	0.1141	0.1156
东 部	山 东	青 岛	0.2954	0.0900	0.1061
西 部	青 海	海 东	0.1785	0.0970	0.1034
中 部	安 徽	六 安	0.1778	0.0856	0.0929
东 部	天 津	天 津	0.2126	0.0727	0.0837
西 部	四 川	巴 中	0.0831	0.0726	0.0734
西 部	云 南	丽 江	0.1632	0.0617	0.0697
东 部	浙 江	宁 波	0.3286	0.0470	0.0691
中 部	湖 南	长 沙	0.2046	0.0550	0.0668
西 部	青 海	黄 南	0.2011	0.0498	0.0617
东 北	吉 林	吉 林	0.0968	0.0577	0.0608
东 部	江 苏	无 锡	0.3088	0.0375	0.0588
西 部	云 南	大 理	0.1866	0.0474	0.0584
西 部	新 疆	塔 城	0.1266	0.0516	0.0575
东 部	山 东	济 南	0.2069	0.0430	0.0559
西 部	广 西	南 宁	0.1802	0.0441	0.0548
中 部	河 南	郑 州	0.1937	0.0422	0.0542
西 部	广 西	桂 林	0.2475	0.0374	0.0539
西 部	云 南	昆 明	0.1429	0.0454	0.0531
中 部	河 南	洛 阳	0.1051	0.0484	0.0529
东 部	海 南	三 沙	0.1411	0.0440	0.0517
东 部	广 东	佛 山	0.2125	0.0379	0.0516
中 部	安 徽	黄 山	0.2800	0.0317	0.0512
东 部	福 建	福 州	0.2159	0.0365	0.0506
东 部	浙 江	温 州	0.2067	0.0346	0.0482
西 部	内蒙古	乌 海	0.1359	0.0407	0.0481
东 部	广 东	珠 海	0.2355	0.0310	0.0471
东 北	辽 宁	沈 阳	0.1828	0.0349	0.0465

区域	省(区、市)	城市 (自治州、地区)	旅游舆情 指数	旅游影响力 指数	城市旅游 形象指数
东　部	海　南	海　口	0.1777	0.0351	0.0463
中　部	安　徽	合　肥	0.1758	0.0344	0.0455
东　部	江　苏	常　州	0.3595	0.0168	0.0438
东　部	浙　江	湖　州	0.3427	0.0179	0.0434
东　北	吉　林	长　春	0.1505	0.0334	0.0426
东　部	福　建	泉　州	0.1416	0.0338	0.0423
东　北	辽　宁	大　连	0.1606	0.0317	0.0418
中　部	安　徽	宣　城	0.2062	0.0263	0.0405

（2）城市旅游产业发展指数的区域差异

在城市旅游产业发展指数 TOP50 城市（自治州、地区）中，东部地区占据 21 个席位，西部地区占据 15 个席位，中部地区和东北地区各占 7 个席位（见表 10）。在 TOP10 中，东部地区占据了 5 个席位；同时在 TOP50 中，东部地区的城市占比超过 40%。这表明东部地区在旅游产业建设方面整体处于领先地位。

此外，在城市旅游产业发展指数 TOP50 中，河北省和云南省上榜城市（自治州）最多，均有 5 个。这反映出两省在旅游产业发展方面表现突出，并展现较强的旅游产业集聚效应（见表 11）。

表 10　2023 年城市旅游产业发展指数 TOP50 城市
（自治州、地区）分布情况

单位：个

区域	城市（自治州、地区）数量
东　部	21
中　部	7
西　部	15
东　北	7

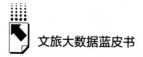

表 11　2023 年城市旅游产业发展指数 TOP50 城市（自治州、地区）

区域	省(区、市)	城市 (自治州、地区)	旅游消费 指数	旅游流量 指数	产业地位 指数	城市旅游产 业发展指数
东　部	上　海	上　海	0.9067	0.8386	0.0648	0.7283
东　部	北　京	北　京	0.7400	0.8857	0.0997	0.6706
西　部	重　庆	重　庆	0.3936	0.6779	0.1358	0.4413
东　部	广　东	广　州	0.3049	0.4032	0.0454	0.2899
西　部	陕　西	西　安	0.0923	0.2702	0.8069	0.2839
西　部	四　川	成　都	0.0974	0.5229	0.1484	0.2495
东　部	广　东	深　圳	0.1939	0.2997	0.0593	0.2045
西　部	云　南	丽　江	0.0096	0.0262	0.9963	0.1974
中　部	湖　北	武　汉	0.0945	0.2978	0.1757	0.1776
东　部	福　建	福　州	0.0673	0.3872	0.0643	0.1740
中　部	河　南	郑　州	0.1726	0.1961	0.0820	0.1637
东　部	福　建	泉　州	0.0792	0.3338	0.0682	0.1625
西　部	云　南	昆　明	0.0926	0.2008	0.2290	0.1541
东　部	浙　江	杭　州	0.0751	0.3106	0.0587	0.1510
东　部	山　东	济　南	0.1886	0.1337	0.0786	0.1499
中　部	湖　南	张家界	0.0109	0.0302	0.7269	0.1496
东　部	海　南	三　亚	0.0577	0.0222	0.5890	0.1439
东　北	黑龙江	哈尔滨	0.0664	0.1855	0.2063	0.1322
中　部	湖　南	长　沙	0.0919	0.1985	0.1113	0.1312
中　部	安　徽	合　肥	0.1691	0.1059	0.0770	0.1309
西　部	广　西	桂　林	0.0222	0.1093	0.4368	0.1280
西　部	广　西	南　宁	0.0762	0.1488	0.2107	0.1254
东　部	河　北	石家庄	0.0829	0.1655	0.1414	0.1214
西　部	云　南	迪　庆	0.0060	0.0075	0.6206	0.1200
东　部	江　苏	南　京	0.0612	0.1847	0.1497	0.1189
西　部	云　南	大　理	0.0200	0.0643	0.4730	0.1185
西　部	四　川	甘　孜	0.0035	0.0338	0.5586	0.1162
西　部	陕　西	咸　阳	0.0181	0.0692	0.4385	0.1129
东　部	河　北	保　定	0.0480	0.1487	0.2150	0.1126
西　部	云　南	德　宏	0.0078	0.1128	0.3767	0.1112
东　北	吉　林	长　春	0.0764	0.0928	0.2318	0.1106
东　部	江　苏	苏　州	0.0692	0.1916	0.0624	0.1090

续表

区域	省(区、市)	城市 (自治州、地区)	旅游消费 指数	旅游流量 指数	产业地位 指数	城市旅游产 业发展指数
中 部	江 西	上 饶	0.0154	0.0548	0.4489	0.1087
东 北	辽 宁	沈 阳	0.0719	0.1573	0.1161	0.1087
东 部	山 东	青 岛	0.0926	0.1383	0.0941	0.1082
东 部	天 津	天 津	0.0739	0.1968	0.0191	0.1049
东 部	福 建	厦 门	0.0697	0.1330	0.1370	0.1033
西 部	西 藏	拉 萨	0.0083	0.0177	0.5014	0.1025
东 部	江 苏	泰 州	0.1498	0.0293	0.0991	0.1001
东 北	吉 林	吉 林	0.0278	0.0459	0.3715	0.0974
东 部	广 东	佛 山	0.0801	0.1528	0.0413	0.0973
东 部	河 北	张家口	0.0192	0.0573	0.3730	0.0973
西 部	贵 州	黔东南	0.0069	0.0460	0.4225	0.0968
东 部	河 北	承 德	0.0155	0.0457	0.3855	0.0940
中 部	安 徽	黄 山	0.0080	0.0163	0.4554	0.0934
东 部	河 北	秦皇岛	0.0194	0.0470	0.3614	0.0918
东 北	黑龙江	牡丹江	0.0095	0.0420	0.3816	0.0892
西 部	新 疆	塔 城	0.1283	0.0217	0.1060	0.0885
东 北	辽 宁	大 连	0.0636	0.0989	0.1207	0.0860
东 北	辽 宁	朝 阳	0.0102	0.0301	0.3842	0.0860

(3)旅游资源环境指数的区域差异

在旅游资源环境指数 TOP50 城市(自治州)中,东部地区占据 30 个席位,西部地区占据 11 个席位,中部地区占据 9 个席位,而东北地区无城市上榜(见表 12)。在 TOP10 中,东部地区占据了 9 个席位,充分体现了东部地区在城市旅游资源环境建设方面具备的坚实基础和良好条件。

此外,在 TOP50 中,占据席位最多的分别是广东省、浙江省和江苏省,分别占据 8 个、7 个和 5 个席位(见表 13)。这表明东南沿海省份在城市旅游资源环境建设方面整体水平较高,展现出较强的区域优势。

表 12　2023 年旅游资源环境指数 TOP50 城市（自治州）分布情况

单位：个

区域	城市（自治州）数量
东　部	30
中　部	9
西　部	11
东　北	0

表 13　2023 年旅游资源环境指数 TOP50 城市（自治州）

区域	省（区、市）	城市（自治州）	旅游资源指数	旅游环境指数	旅游资源环境指数
东　部	广　东	深　圳	0.2574	0.9726	0.7225
东　部	广　东	东　莞	0.1132	0.2822	0.2225
东　部	福　建	厦　门	0.1370	0.2156	0.1920
东　部	广　东	中　山	0.1108	0.1963	0.1719
西　部	四　川	阿　坝	0.4999	0.0079	0.1714
东　部	江　苏	苏　州	0.1730	0.1247	0.1701
东　部	上　海	上　海	0.0669	0.1859	0.1569
东　部	广　东	广　州	0.1175	0.1567	0.1518
东　部	北　京	北　京	0.1258	0.1031	0.1422
东　部	江　苏	无　锡	0.1353	0.1154	0.1417
东　部	广　东	佛　山	0.1254	0.1040	0.1243
中　部	江　西	上　饶	0.3114	0.0180	0.1234
中　部	安　徽	黄　山	0.2959	0.0165	0.1218
西　部	四　川	乐　山	0.2762	0.0211	0.1169
中　部	湖　北	武　汉	0.1147	0.0905	0.1115
东　部	山　东	泰　安	0.2545	0.0376	0.1107
西　部	云　南	丽　江	0.2775	0.0126	0.1088
西　部	重　庆	重　庆	0.1307	0.0249	0.1078
西　部	陕　西	西　安	0.0907	0.0844	0.1074
东　部	广　东	珠　海	0.0922	0.1105	0.1062
东　部	江　苏	南　京	0.0908	0.0977	0.1054
东　部	广　东	汕　头	0.1176	0.0973	0.1045
东　部	福　建	南　平	0.2662	0.0187	0.1043

续表

区域	省(区、市)	城市 (自治州)	旅游资源 指数	旅游环境 指数	旅游资源 环境指数
东 部	海 南	三 亚	0.1228	0.0532	0.1042
中 部	湖 南	张家界	0.2693	0.0154	0.1034
西 部	云 南	迪 庆	0.2689	0.0127	0.1020
东 部	江 苏	常 州	0.0888	0.0877	0.1019
东 部	浙 江	宁 波	0.0985	0.0873	0.0991
西 部	云 南	玉 溪	0.2575	0.0202	0.0984
西 部	新 疆	乌鲁木齐	0.2336	0.0273	0.0960
西 部	云 南	怒 江	0.2671	0.0077	0.0955
东 部	浙 江	杭 州	0.0896	0.0744	0.0925
东 部	浙 江	舟 山	0.0876	0.0856	0.0891
西 部	四 川	成 都	0.0598	0.0881	0.0870
东 部	浙 江	嘉 兴	0.0624	0.0778	0.0846
中 部	河 南	郑 州	0.0558	0.0939	0.0841
中 部	湖 南	长 沙	0.0771	0.0675	0.0812
西 部	青 海	玉 树	0.2404	0.0069	0.0782
东 部	浙 江	台 州	0.0914	0.0439	0.0738
东 部	天 津	天 津	0.0754	0.0615	0.0721
东 部	浙 江	温 州	0.0862	0.0531	0.0715
东 部	江 苏	镇 江	0.0628	0.0579	0.0682
东 部	海 南	海 口	0.0637	0.0662	0.0671
中 部	江 西	南 昌	0.1094	0.0506	0.0655
东 部	浙 江	绍 兴	0.0706	0.0498	0.0633
东 部	福 建	泉 州	0.0801	0.0470	0.0628
东 部	福 建	莆 田	0.0842	0.0435	0.0623
东 部	广 东	惠 州	0.0731	0.0401	0.0620
中 部	河 南	洛 阳	0.0696	0.0316	0.0617
中 部	湖 北	宜 昌	0.0862	0.0183	0.0607

（4）旅游发展潜力指数的区域差异

在旅游发展潜力指数 TOP50 城市（自治州）中，东部地区占据 29 个席位，中部地区占据 10 个席位，西部地区占据 8 个席位，东北地区占据3个席位（见表14）。在TOP10中，东部地区占据6个席位，显示出东部地区在城市旅游发展潜力方面明显领先于其他地区，东部地区旅游市场更加活跃，城市发展也更为完善。

此外，在TOP50中，占据席位最多的为江苏省和广东省，均占据6个席位；其次是山东省和浙江省，分别占据4个席位（见表15）。这表明上述4个省份的旅游产业发展潜力巨大，并在未来具备较大的提升空间。

表14　2023年旅游发展潜力指数TOP50城市（自治州）分布情况

单位：个

区域	城市(自治州)数量
东　部	29
中　部	10
西　部	8
东　北	3

表15　2023年旅游发展潜力指数TOP50城市（自治州）

区域	省(区、市)	城市(自治州)	政府管理指数	城市发展指数	市场指数	旅游发展潜力指数
西　部	四　川	巴　中	0.7437	0.0129	0.2349	0.5148
东　部	广　东	深　圳	0.1155	0.7385	0.5337	0.3098
中　部	湖　北	武　汉	0.3048	0.1226	0.5344	0.2664
西　部	青　海	海　东	0.3680	0.0052	0.1004	0.2536
东　部	北　京	北　京	0.1681	0.3444	0.6783	0.2436
东　部	上　海	上　海	0.1648	0.3216	0.7666	0.2397
东　部	广　东	广　州	0.1729	0.2561	0.5781	0.2171
西　部	重　庆	重　庆	0.1622	0.1255	0.6978	0.1800
东　部	山　东	烟　台	0.2183	0.0456	0.3924	0.1796
东　部	海　南	三　沙	0.2230	0.0103	0.1138	0.1585
东　部	江　苏	南　通	0.1742	0.0419	0.4559	0.1523

续表

区域	省(区、市)	城市 (自治州)	政府管理 指数	城市发展 指数	市场指数	旅游发展 潜力指数
东 部	江 苏	苏 州	0.1141	0.0583	0.5894	0.1235
东 部	浙 江	杭 州	0.0630	0.1270	0.6031	0.1090
中 部	安 徽	六 安	0.1174	0.0208	0.4340	0.1073
西 部	四 川	成 都	0.0174	0.2357	0.5297	0.1046
东 部	福 建	福 州	0.0982	0.0619	0.3537	0.1015
东 部	天 津	天 津	0.0586	0.0749	0.5200	0.0873
东 部	江 苏	南 京	0.0268	0.1238	0.6022	0.0837
东 部	广 东	东 莞	0.0057	0.1988	0.4004	0.0798
东 部	福 建	厦 门	0.0014	0.2005	0.3440	0.0744
东 部	广 东	江 门	0.0746	0.0217	0.2430	0.0688
中 部	湖 南	长 沙	0.0014	0.1627	0.3702	0.0653
中 部	河 南	郑 州	0.0022	0.1265	0.5176	0.0636
东 部	海 南	三 亚	0.0034	0.1856	0.1177	0.0598
东 北	黑龙江	哈尔滨	0.0459	0.0559	0.2440	0.0590
东 部	浙 江	宁 波	0.0147	0.0771	0.4965	0.0572
东 部	江 苏	无 锡	0.0235	0.0506	0.5152	0.0567
东 部	山 东	青 岛	0.0054	0.1001	0.4785	0.0564
西 部	陕 西	西 安	0.0020	0.1187	0.4180	0.0560
中 部	湖 南	衡 阳	0.0512	0.0179	0.3175	0.0559
东 部	广 东	中 山	0.0095	0.1189	0.2998	0.0550
西 部	云 南	昆 明	0.0119	0.1166	0.2791	0.0548
东 部	山 东	济 南	0.0057	0.0868	0.5139	0.0547
中 部	安 徽	芜 湖	0.0338	0.0284	0.4329	0.0532
中 部	山 西	太 原	0.0282	0.0565	0.3441	0.0525
东 部	浙 江	嘉 兴	0.0203	0.0535	0.4406	0.0515
东 部	广 东	珠 海	0.0110	0.1056	0.2740	0.0510
中 部	江 西	南 昌	0.0179	0.0577	0.4185	0.0499
中 部	安 徽	合 肥	0.0006	0.0671	0.5594	0.0482
西 部	内蒙古	乌 海	0.0345	0.0563	0.1703	0.0476
东 北	辽 宁	沈 阳	0.0137	0.0807	0.3060	0.0475
东 部	浙 江	温 州	0.0154	0.0397	0.4912	0.0470
西 部	广 西	柳 州	0.0444	0.0117	0.2564	0.0464
东 部	河 北	石家庄	0.0105	0.0524	0.4540	0.0453

区域	省(区、市)	城市 (自治州)	政府管理 指数	城市发展 指数	市场指数	旅游发展 潜力指数
东 北	吉 林	长 春	0.0220	0.0549	0.2744	0.0443
中 部	河 南	商 丘	0.0228	0.0220	0.4290	0.0438
东 部	江 苏	泰 州	0.0029	0.0657	0.4350	0.0429
东 部	山 东	威 海	0.0254	0.0374	0.2929	0.0427
东 部	江 苏	常 州	0.0004	0.0615	0.4834	0.0426
东 部	海 南	海 口	0.0050	0.1075	0.1792	0.0425

(二)直辖市发展差异

四大直辖市的旅游产业发展综合指数表现较为突出,其中北京市和上海市的指数分别达到 0.5620 和 0.2991。而天津市的指数相对较低,为 0.0879,天津市旅游产业仍需进一步加强建设与发展(见表 16)。

表 16 2023 年直辖市旅游产业发展综合指数

直辖市	城市旅游 形象指数	城市旅游 产业发展指数	旅游资源 环境指数	旅游发展 潜力指数	旅游产业发展 综合指数
北 京	0.8723	0.6706	0.1422	0.2436	0.5620
上 海	0.2274	0.7283	0.1569	0.2397	0.2991
重 庆	0.2774	0.4413	0.1078	0.1800	0.2638
天 津	0.0837	0.1049	0.0721	0.0873	0.0879

(三)副省级/省会城市发展差异

在各副省级或省会城市中,旅游产业发展综合指数较高的包括深圳市、广州市、武汉市、杭州市、成都市、西安市、南京市、厦门市、哈尔滨市和福州市。其中,深圳市、广州市和武汉市的综合指数较为突出，分别为 0.3175、0.2118 和 0.2001（见表 17）。

深圳市在旅游资源环境指数方面表现尤为突出，指数达到 0.7225，同时其他二级指标也表现优异；广州市和武汉市则在城市旅游产业发展指数与旅游发展潜力指数方面表现较好，整体水平较高。相比之下，银川市、兰州市、呼和浩特市和西宁市的旅游产业发展综合指数偏低，相关领域亟待进一步加强建设。

表 17　2023 年副省级/省会城市旅游产业发展综合指数

省（区）	城市	城市旅游形象指数	城市旅游产业发展指数	旅游资源环境指数	旅游发展潜力指数	旅游产业发展综合指数
广　东	深　圳	0.3067	0.2045	0.7225	0.3098	0.3175
广　东	广　州	0.1999	0.2899	0.1518	0.2171	0.2118
湖　北	武　汉	0.1889	0.1776	0.1115	0.2664	0.2001
浙　江	杭　州	0.2099	0.1510	0.0925	0.1090	0.1573
四　川	成　都	0.1505	0.2495	0.0870	0.1046	0.1446
陕　西	西　安	0.1478	0.2839	0.1074	0.0560	0.1420
江　苏	南　京	0.1689	0.1189	0.1054	0.0837	0.1287
福　建	厦　门	0.1218	0.1033	0.1920	0.0744	0.1127
黑龙江	哈尔滨	0.1156	0.1322	0.0336	0.0590	0.0926
福　建	福　州	0.0506	0.1740	0.0592	0.1015	0.0896
山　东	青　岛	0.1061	0.1082	0.0583	0.0564	0.0851
湖　南	长　沙	0.0668	0.1312	0.0812	0.0653	0.0810
河　南	郑　州	0.0542	0.1637	0.0841	0.0636	0.0779
云　南	昆　明	0.0531	0.1541	0.0510	0.0548	0.0720
浙　江	宁　波	0.0691	0.0666	0.0991	0.0572	0.0714
山　东	济　南	0.0559	0.1499	0.0563	0.0547	0.0708
安　徽	合　肥	0.0455	0.1309	0.0523	0.0482	0.0616
广　西	南　宁	0.0548	0.1254	0.0375	0.0318	0.0597
吉　林	长　春	0.0426	0.1106	0.0493	0.0443	0.0588
辽　宁	沈　阳	0.0465	0.1087	0.0422	0.0475	0.0570
辽　宁	大　连	0.0418	0.0860	0.0595	0.0382	0.0545
新　疆	乌鲁木齐	0.0271	0.0577	0.0960	0.0291	0.0523
江　西	南　昌	0.0348	0.0743	0.0655	0.0499	0.0521
河　北	石家庄	0.0277	0.1214	0.0428	0.0453	0.0506

续表

省（区）	城市	城市旅游形象指数	城市旅游产业发展指数	旅游资源环境指数	旅游发展潜力指数	旅游产业发展综合指数
海　南	海　口	0.0463	0.0543	0.0671	0.0425	0.0498
贵　州	贵　阳	0.0392	0.0787	0.0508	0.0398	0.0488
西　藏	拉　萨	0.0380	0.1025	0.0439	0.0113	0.0466
山　西	太　原	0.0338	0.0692	0.0449	0.0525	0.0460
宁　夏	银　川	0.0271	0.0490	0.0464	0.0338	0.0369
甘　肃	兰　州	0.0311	0.0633	0.0222	0.0251	0.0325
内蒙古	呼和浩特	0.0205	0.0711	0.0257	0.0274	0.0318
青　海	西　宁	0.0318	0.0400	0.0372	0.0152	0.0312

四　中国旅游产业发展态势总体分析

2023年，我国旅游产业蓬勃发展。从旅游产业发展综合指数来看，北京市、深圳市和上海市等旅游产业发展较为稳定，各项指标均处于前列。值得关注的是，广东省入选城市在各项旅游产业发展指标中表现突出。尤其是在旅游资源环境指数方面，广东省的深圳市、东莞市和中山市表现较为优异，显示出明显的旅游产业发展集聚效应。

城市旅游形象指数较高的包括北京市、泰安市、深圳市、重庆市、上海市、杭州市、广州市、三亚市、武汉市和南京市。其中，北京市以显著优势遥遥领先。在城市旅游形象指数TOP50中，东部地区占据最多席位，其次为西部地区、中部地区，而东北地区占据席位相对较少。

城市旅游产业发展指数较高的有上海市、北京市、重庆市、广州市、西安市、成都市、深圳市、丽江市、武汉市和福州市。其中，上海市、北京市、重庆市和广州市的城市旅游产业发展指数表现突出，整体水平处于全国领先地位。同样，在城市旅游产业发展指数TOP50中，东部地区占据最多名额，其次为西部地区、中部地区，东北地区占据席位较少。

旅游资源环境指数较高的包括深圳市、东莞市、厦门市、中山市、阿坝藏族羌族自治州、苏州市、上海市、广州市、北京市和无锡市。在TOP50中，广东省有8个城市上榜，表明广东省的旅游资源环境建设处于全国领先水平。此外，东部地区占据最多席位，其次是西部和中部地区，而东北地区无城市上榜。

在旅游发展潜力指数中，巴中市、深圳市、武汉市、海东市、北京市、上海市、广州市、重庆市、烟台市和三沙市表现突出。其中，巴中市的政府管理指数达到0.7437，表现尤为突出；深圳市的城市发展指数较高，为0.7385。但需要注意的是，巴中市、烟台市和三沙市的城市发展指数相对较低，海东市和三沙市的市场指数也有待提升。此外，深圳市的政府管理指数较低，需要进一步加强相关建设。从旅游发展潜力指数TOP50来看，东部地区占据最多席位，其次为中部和西部地区，东北地区占据席位较少。

从区域差异来看，我国各地区发展存在明显的不平衡现象。东部地区的旅游产业实力强劲，在各项三级指标上表现突出，TOP50城市的大部分来自东部地区。而其他地区，尤其是东北地区，能够跻身TOP50的城市寥寥无几，显示出较大的区域差距。

从直辖市来看，北京市的旅游产业发展综合水平遥遥领先；上海市和重庆市表现良好，居全国前列；天津市则发展较为滞后，各项指标仍需大力提升，亟待加强对旅游产业发展的重视与支持。

从副省级和省会城市来看，深圳市和广州市的旅游产业综合发展水平较高，尤其是广州市，各项二级指标均衡发展，为旅游产业的长期健康发展提供了有力支撑。同时，杭州市凭借广泛传播的城市旅游

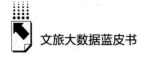

形象，为旅游产业发展注入了强劲动力，进一步巩固了在全国的竞争
优势。

参考文献

罗浩、陈浩：《南京市旅游业发展现状评价与发展战略设想》，旅游业：
推动产业升级和城市转型——第十三届全国区域旅游开发学术研讨会暨牡
丹江区域旅游合作大会，黑龙江，牡丹江，2008。

王群等：《旅游环境游客满意度的指数测评模型——以黄山风景区为
例》，《地理研究》2006 年第 1 期。

肖光明、郭焕成：《珠江三角洲地区旅游资源的基本特征与市域差异》，
《资源科学》2009 年第 8 期。

王威峰、卢玉桂、王强：《区域旅游产业与城镇化建设耦合协调发展研
究——以广西 14 个地级市为例》，《西北师范大学学报》（自然科学版）
2019 年第 6 期。

胡浩、葛岳静、陈鑫弘：《基于地域差异分析的高等院校与科研院所科
教协同发展研究》，《经济地理》2013 年第 11 期。

方叶林等：《省域旅游发展的错位现象及旅游资源相对效率评价——以
中国大陆 31 省市区 2000—2009 年面板数据为例》，《自然资源学报》2013
年第 10 期。

李博等：《中国省域旅游资源竞争力评价及其格局演变》，《经济地理》
2019 年第 9 期。

赵书虹、白梦：《云南省品牌旅游资源竞争力与旅游流耦合协调特征及
其影响因素分析》，《地理科学》2020 年第 11 期。

沈惊宏、陆玉麒：《中国市域旅游综合吸引力指数评价》，《自然资源学
报》2012 年第 4 期。

丛晓男、王铮：《中国地级及以上行政区旅游投资潜力测度与区域分
异——基于 Krugman 地理本性论》，《经济地理》2017 年第 7 期。

张琰飞、朱海英：《西南地区文化演艺与旅游流耦合协调度实证研究》，

《经济地理》2014年第7期。

贺小荣、胡强盛：《湖南省旅游产业集群与区域经济的互动机制》，《经济地理》2018年第7期。

许贤棠、胡静、陈婷婷：《湖北省旅游资源禀赋空间分异的综合评价》，《统计与决策》2015年第5期。

王倩颖：《黑龙江省农业旅游资源分布及其价值分析》，《中国农业资源与区划》2019年第8期。

田巧莉、邓飞虎：《广西旅游产业发展潜力的测度与评价》，《社会科学家》2019年第2期。

李晓燕：《小城镇公共服务区域差异研究——基于省际数据的实证分析》，《首都经济贸易大学学报》2012年第4期。

牛凯：《中国农村三大产业均衡发展战略》，《中国农业科技导报》2012年第1期。

于婷婷等：《中国边境地区旅游发展的空间格局及驱动机制》，《经济地理》2021年第2期。

王胜鹏等：《中国旅游业发展效率时空分异及影响因素研究》，《华中师范大学学报》（自然科学版）2020年第2期。

杨昀、蒋笑影：《大运河文化带文旅产业耦合协调测度及时空演化》，《湖南师范大学自然科学学报》2024年第6期。

刘佳、张洪香：《山东省旅游消费增长差异时空演化特征与影响因素》，《华东经济管理》2017年第5期。

宫俊涛、孙林岩、李刚：《中国制造业省际全要素生产率变动分析——基于非参数Malmquist指数方法》，《数量经济技术经济研究》2008年第4期。

孙媛媛：《信息化对我国旅游市场影响的实证分析》，《旅游科学》2016年第3期。

邓菊秋：《农村公共产品供给地区差距的实证分析》，《财经科学》2010年第2期。

李志军：《我国城市营商环境的评价指标体系构建及其南北差异分析》，《改革》2022年第2期。

罗盛锋等：《红军长征沿线红色旅游资源开发潜力研究》，《桂林理工大

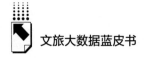

学学报》2021年第3期。

葛书林、代刚：《民俗体育旅游资源整合开发评估体系构建》，《中国人口·资源与环境》2021年第11期。

胡果：《山西省生态旅游环境承载力时空差异研究》，《林业经济》2019年第4期。

孔祥智、郑力文、何安华：《城乡统筹下的小城镇公共产品供给问题与对策探讨》，《林业经济》2012年第1期。

洪亘伟：《不同地域新农村建设的城市规划对策研究》，《小城镇建设》2008年第5期。

严晗、朱启贵、李旭辉：《大数据视角下我国区域科技创新高质量发展水平综合评价分析》，《科技管理研究》2023年第22期。

夏昕鸣、贺灿飞：《中国出口导向型外资企业时空演化与出口增衰机制》，《地理科学》2021年第4期。

柳卸林、吉晓慧：《中国城市创新生态系统竞争力评价研究——基于中国100个城市的分析》，《科学学与科学技术管理》2024年第1期。

王钦安、郭爽：《皖南国际旅游文化示范区旅游资源结构分析》，《地域研究与开发》2018年第4期。

陈怡如：《高等教育财政投入对区域经济影响研究——基于2008—2017年中国省际面板数据的经验》，《上海管理科学》2020年第4期。

覃志立、严红、孙嘉翊：《文化产业投融资的困境及其破解：以西部地区为例》，《西南金融》2016年第8期。

杨德勇、崔莹：《我国金融支持区域经济协调发展分析》，《改革与战略》2021年第8期。

储君等：《基于腾讯迁徙大数据的中国中心城市识别及网络腹地分析》，《地域研究与开发》2022年第6期。

B.4
2023年中国文旅融合产业发展
大数据报告

方腾飞 孙晖 陈亚乐 马思琦*

摘　要： 本报告通过多源数据视角，全面剖析了中国文旅融合产业的发展状况及区域差异。文旅融合产业发展综合指数由6个二级指标、12个三级指标以及42个四级指标构成。从整体表现来看，北京市与上海市在文旅融合产业发展方面领先全国，成都市、西安市和深圳市也展现较高的发展水平。具体来看，文旅资源融合指数、文旅融合产业指数、文旅信息融合指数、文旅融合影响力指数、时代融合指数及文旅产业发展弹性指数的权重分别为0.1598、0.1898、0.1014、0.3447、0.1845和0.0198。各地区在文旅融合产业发展综合指数上存在明显差异，但在抗风险能力方面差距相对较小。从区域分布来看，东部地区的文旅融合产业发展水平最高，中部与西部地区次之，而东北地区的发展相对落后。

关键词： 文旅融合产业　文旅资源融合　地区差异

---

* 方腾飞，腾讯云副总裁、腾讯文旅总裁，主要研究方向为文旅大数据；孙晖，腾讯文旅产业研究院秘书长，腾讯文旅运营总监，主要研究方向为文旅大数据；陈亚乐，联通数字科技有限公司数据智能事业部架构设计工程师，主要研究方向为文旅大数据；马思琦，硕士研究生在读，北京第二外国语学院中国文化和旅游大数据研究院研究员，主要研究方向为旅游大数据。

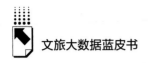

一 文旅融合产业发展综合指数分析

文旅融合产业发展综合指数较高的城市包括北京市、上海市、重庆市、杭州市、成都市、广州市、武汉市、深圳市、西安市和南京市（见表1）。除天津市外，其他三个直辖市——北京市、上海市和重庆市均在列，而其余城市大多为副省级城市或省会城市。这表明，在资源、政策支持和影响力等方面，大中城市在文旅融合产业发展中占据了明显的优势。

表1　2023年部分城市文旅融合产业发展综合指数

城市	文旅资源融合指数	文旅融合产业指数	文旅信息融合指数	文旅融合影响力指数	时代融合指数	文旅产业发展弹性指数	文旅融合产业发展综合指数
北　京	0.6577	0.9169	0.5676	0.9265	0.5551	0.2040	0.7961
上　海	0.5490	0.6709	0.3084	0.5266	0.3599	0.1960	0.5305
重　庆	0.3060	0.3071	0.1385	0.0917	0.3921	0.2000	0.2621
杭　州	0.2623	0.4038	0.3148	0.0664	0.1211	0.2096	0.2344
成　都	0.4424	0.2063	0.2340	0.0617	0.1044	0.1913	0.2094
广　州	0.1825	0.3111	0.1352	0.0635	0.1694	0.2297	0.1975
武　汉	0.1472	0.1980	0.1326	0.1609	0.0577	0.2748	0.1914
深　圳	0.1539	0.2829	0.2869	0.0726	0.0608	0.2399	0.1879
西　安	0.3953	0.2429	0.1686	0.0510	0.0111	0.2090	0.1855
南　京	0.3868	0.2041	0.1812	0.0567	0.0739	0.1809	0.1855

从文旅融合产业发展综合指数来看，北京市和上海市的指数均超过0.5，而其他城市的指数分布在0.18～0.27。北京市在文旅融合产业发展综合指数方面表现出显著的优势，多个二级指标表现优异。

北京市在文旅融合产业指数、文旅信息融合指数、文旅融合影响力指数及时代融合指数等方面表现尤为突出。其中，文旅融合产业指数达到 0.9169，但文旅产业发展弹性指数相对较低，反映出北京市在文旅产业融合领域的部分环节发展进程较为缓慢。

上海市的文旅融合产业发展综合指数达到 0.5305，在文化与旅游资源整合方面取得了显著成效，尤其是在文旅资源融合指数和文旅融合影响力指数方面，指数分别达到 0.5490 和 0.5266。然而，上海市文旅产业发展弹性指数较低，表明疫情后的复苏存在一定的滞后性。

重庆市的文旅融合产业发展综合指数为 0.2621。其中，时代融合指数为 0.3921，说明重庆在文化与时代融合方面有一定优势，但其他指标如文旅融合影响力指数较低，仅为 0.0917，表明重庆在全国或国际层面的文化旅游影响力相对较弱。

杭州市文旅融合产业发展综合指数为 0.2344，文旅产业发展有一定基础。杭州市在文旅融合产业指数和文旅信息融合指数上表现较为均衡，指数分别为 0.4038 和 0.3148，反映出产业和信息融合发展较好。不过，杭州市文旅融合影响力指数和时代融合指数相对较低，表明杭州文旅融合影响力等尚需提升。

成都市文旅融合产业发展综合指数为 0.2094。成都市的文旅资源融合指数和文旅融合产业指数相对较高，分别为 0.4424 和 0.2063，说明成都拥有丰富的文旅资源和一定的产业基础。但成都市文旅融合影响力指数较低，为 0.0617，表明成都文旅融合影响力仍需提高。

广州市的文旅融合产业发展综合指数为 0.1975。虽然广州的文旅产业发展弹性指数为 0.2297，但文旅融合影响力指数仅为 0.0635，广州文旅融合影响力还有待提高。同时，广州市的文旅资源融合指数为 0.1825，表明文旅资源融合尚有开发潜力。

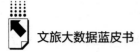

武汉市的文旅融合产业发展综合指数为 0.1914，在文旅产业发展弹性指数方面表现较好，指数为 0.2748，显示出武汉文旅产业具备一定的抗风险能力和灵活性。但武汉市其他方面，如文旅资源融合指数和文旅融合产业指数表现一般，分别为 0.1472 和 0.1980。

深圳市的文旅融合产业发展综合指数为 0.1879。尽管深圳是经济发达城市，但在文旅资源融合和文旅融合影响力方面表现较差，指数分别为 0.1539 和 0.0726。此外，深圳文旅产业发展弹性指数为 0.2399，反映出深圳的文旅产业具备较强的灵活性。

西安市的文旅融合产业发展综合指数为 0.1855，文旅资源融合指数为 0.3953，反映出西安具有历史文化资源优势，但其他方面如时代融合指数和文旅融合影响力指数表现较差，其中文旅融合影响力指数仅为 0.0510，说明西安亟须提升文旅融合影响力。

南京市的文旅融合产业发展综合指数也为 0.1855，与西安市相同。南京文旅资源融合指数为 0.3868，表明其拥有丰富的文化旅游资源，但文旅融合影响力指数仅为 0.0567，表明其文旅融合影响力相对较弱。

在文旅融合产业发展综合指数 TOP50 城市（自治州、地区）中，中国东部地区城市占据较大比例，共有 21 个，包括北京市和上海市等，且在表现突出的 TOP10 城市中，有 6 个来自东部地区。在 TOP50 中，西部地区共有 13 个城市（自治州、地区），其中重庆市、成都市和西安市表现尤为突出；中部地区共有 12 个城市（自治州），包括郑州市和武汉市等主要城市；东北地区则有长春市、哈尔滨市、吉林市和沈阳市 4 个城市（见表 2）。整体来看，东部地区在文旅融合产业发展方面具备较高的质量和水平，而中部、西部及东北地区的发展相对较为滞后。

表2　2023年文旅融合产业发展综合指数TOP50城市（自治州、地区）

区域	省（区、市）	城市（自治州、地区）	文旅融合产业发展综合指数
东　部	北　京	北京	0.7961
东　部	上　海	上海	0.5305
西　部	重　庆	重庆	0.2621
东　部	浙　江	杭州	0.2344
西　部	四　川	成都	0.2094
东　部	广　东	广州	0.1975
中　部	湖　北	武汉	0.1914
东　部	广　东	深圳	0.1879
西　部	陕　西	西安	0.1855
东　部	江　苏	南京	0.1855
东　部	江　苏	苏州	0.1650
中　部	湖　南	张家界	0.1636
西　部	新　疆	克孜勒苏柯尔克孜	0.1590
中　部	河　南	郑州	0.1560
东　部	海　南	三亚	0.1523
中　部	湖　南	长沙	0.1511
中　部	河　南	洛阳	0.1454
东　部	福　建	福州	0.1405
东　北	黑龙江	哈尔滨	0.1364
东　部	广　东	佛山	0.1354
西　部	四　川	巴中	0.1314
东　部	山　东	青岛	0.1294
东　部	天　津	天津	0.1235
中　部	安　徽	六安	0.1218
东　北	辽　宁	沈阳	0.1186
西　部	广　西	桂林	0.1175
中　部	安　徽	合肥	0.1149
中　部	河　南	开封	0.1135
西　部	西　藏	那曲	0.1107
东　部	海　南	三沙	0.1105
东　部	山　东	济南	0.1097
西　部	宁　夏	吴忠	0.1080
中　部	湖　南	湘西	0.1044

续表

区域	省（区、市）	城市 （自治州、地区）	文旅融合产业 发展综合指数
东　部	广　东	中山	0.1037
中　部	山　西	太原	0.1031
西　部	云　南	昆明	0.1022
西　部	云　南	丽江	0.1016
东　部	山　东	烟台	0.0975
东　部	福　建	厦门	0.0965
中　部	江　西	南昌	0.0959
西　部	新　疆	阿克苏	0.0957
东　部	广　东	江门	0.0955
东　部	海　南	海口	0.0927
西　部	西　藏	日喀则	0.0927
东　北	吉　林	长春	0.0911
中　部	山　西	大同	0.0907
东　部	广　东	东莞	0.0891
东　部	山　东	济宁	0.0890
西　部	云　南	迪庆	0.0885
东　北	吉　林	吉林	0.0883

二　二级指标分析

（一）文旅资源融合指数

文旅资源融合指数由 2 个三级指标组成，分别是文旅内容融合指数和文旅业态融合指数。其中，文旅内容融合指数涵盖了"遗产+旅游"全网热度指数、"民宿+旅游"全网热度指数、"扶贫+旅游"全网热度指数、"戏曲+旅游"全网热度指数、"歌舞+旅游"全网热度指数、"电影+旅游"全网热度指数和"文创+旅游"全网热度指数 7个四级指标。文旅业态融合指数则包括同时拥有"历史文化名城"

和"国内优秀旅游城市"称号指数、A级景区官方名称中有"文化"关键词指数、主题公园数量指数、历史文化街区数量指数、文化主题酒店数量指数、文旅融合示范景区数量指数、研学旅游示范基地数量指数以及旅游演出节目台数指数等8个四级指标。在三级指标中，文旅内容融合指数的权重为0.5469，文旅业态融合指数的权重为0.4531，二者权重分配较为均衡。

从文旅资源融合指数来看，北京市、上海市、成都市、西安市、南京市、天津市、苏州市、重庆市、太原市和杭州市表现突出（见表3）。其中，北京市和上海市的指数分别为0.6577和0.5490，居全国前列，显示出两市在文旅资源融合发展中的领先地位。此外，成都市等其余8个城市的指数集中在0.26~0.45，城市间的差距相对较小。

表3　2023年部分城市文旅资源融合指数

城市	文旅内容融合指数	文旅业态融合指数	文旅资源融合指数
北　京	0.7243	0.5774	0.6577
上　海	0.5582	0.5380	0.5490
成　都	0.1603	0.7829	0.4424
西　安	0.1284	0.7174	0.3953
南　京	0.1365	0.6888	0.3868
天　津	0.1768	0.4741	0.3115
苏　州	0.1229	0.5369	0.3105
重　庆	0.1550	0.4882	0.3060
太　原	0.0334	0.6140	0.2965
杭　州	0.1525	0.3948	0.2623

（二）文旅融合产业指数

文旅融合产业指数由2个三级指标构成，分别是文旅消费指数和文旅发展潜力指数。其中，文旅消费指数包括旅游文创产品消费额指数和文旅消费总额指数 2 个四级指标；文旅发展潜力指数则涵盖文旅上市企业数量指数、文旅产业基金数量指数以及文旅融合政策数量指数 3 个四级指标。其中，文旅消费指数权重为 0.3662，而文旅发展潜力指数的权重为 0.6338，两者之间存在明显差距。

文旅融合产业指数表现较好的城市包括北京市、上海市、杭州市、广州市、重庆市、深圳市、郑州市、西安市、长沙市和苏州市（见表4）。其中，北京市、上海市和重庆市是直辖市，其余城市为副省级城市或省会城市。这表明大中型城市在文旅融合产业发展中具备显著的优势。

从具体指数来看，北京市和上海市的指数分别为 0.9169 和 0.6709，杭州市、广州市和重庆市的指数均超过 0.3。北京市在文旅消费指数和文旅发展潜力指数方面表现突出，文化旅游消费总量居全国首位，文旅上市企业数量多。同时，北京市政府为推动文旅融合产业发展出台的政策数量也为全国之最。

表4　2023 年部分城市文旅融合产业指数

城市	文旅消费指数	文旅发展潜力指数	文旅融合产业指数
北　京	0.7730	0.6338	0.9169
上　海	0.8013	1.0000	0.6709
杭　州	0.1879	0.5286	0.4038
广　州	0.4952	0.2047	0.3111
重　庆	0.3730	0.2690	0.3071
深　圳	0.5905	0.0698	0.2829
郑　州	0.6979	0.0402	0.2810
西　安	0.3733	0.1755	0.2479
长　沙	0.2658	0.2319	0.2443
苏　州	0.2069	0.2443	0.2316

（三）文旅信息融合指数

文旅信息融合指数由数字化管理指数和数字化评价指数2个三级指标构成。其中，数字化管理指数包括数字博物馆数量指数和线上直播的景区数量指数2个四级指标；数字化评价指数由文旅局微博粉丝数指数和文旅局微信公众号指数2个四级指标组成。从权重分布来看，数字化管理指数的权重为0.6808，远高于数字化评价指数的0.3192，两者差距较大，反映出各地区在数字化管理水平上存在显著差异。

文旅信息融合指数表现较好的城市包括洛阳市、北京市、郑州市、开封市、福州市、杭州市、上海市、深圳市、青岛市和成都市。其中，直辖市仅有北京市和上海市，副省级及省会城市则包括洛阳市、郑州市、杭州市和青岛市等。

从具体指数来看，洛阳市和北京市表现突出，指数均超过0.5。郑州市、开封市、福州市、杭州市和上海市的指数分布在0.3~0.4。而深圳市、青岛市和成都市的指数相对较低，未超过0.3（见表5）。

表5 2023年部分城市文旅信息融合指数

城市	数字化管理指数	数字化评价指数	文旅信息融合指数
洛　　阳	0.8808	0.1434	0.6455
北　　京	0.7359	0.2089	0.5676
郑　　州	0.5514	0.0706	0.3980
开　　封	0.4301	0.2124	0.3606
福　　州	0.0311	0.9886	0.3367
杭　　州	0.2151	0.5268	0.3148
上　　海	0.2065	0.5256	0.3084
深　　圳	0.3930	0.0606	0.2869
青　　岛	0.0836	0.6901	0.2772
成　　都	0.2946	0.1046	0.2340

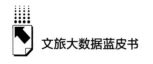

（四）文旅融合影响力指数

文旅融合影响力指数由国内影响力指数和国外影响力指数2个三级指标构成。国内影响力指数包括百度新闻热度指数、今日头条新闻热度指数、抖音主题短视频数量指数以及快手主题短视频数量指数4个四级指标；国外影响力指数则由谷歌热度指数和推特热度指数2个四级指标组成。在2个三级指标中，国内影响力指数的权重为0.2027，远低于国外影响力指数的权重0.7973，表明各地区在国外影响力方面的差异更加显著。

文旅融合影响力指数较高的城市包括北京市、上海市、三亚市、武汉市、哈尔滨市、重庆市、深圳市、杭州市、广州市和成都市（见表6）。北京市和上海市作为国际化大都市，在国内外均具有较大的影响力。

从具体数据来看，北京市的文旅融合影响力指数达到0.9265，特别是在国外影响力指数方面遥遥领先，显著高于其他城市。上海市的文旅融合影响力指数超过0.5，且国外影响力指数表现突出。相比之下，三亚市和武汉市的国内影响力指数高于国外影响力指数，而哈尔滨市、重庆市等城市的文旅融合影响力指数低于0.1，与北京市和上海市形成了明显差距。

表6　2023年部分城市文旅融合影响力指数

城市	国内影响力指数	国外影响力指数	文旅融合影响力指数
北　京	0.6375	1.0000	0.9265
上　海	0.0789	0.6405	0.5266
三　亚	0.9797	0.0100	0.2066
武　汉	0.4670	0.0831	0.1609
哈尔滨	0.4421	0.0085	0.0964

城市	国内影响力指数	国外影响力指数	文旅融合影响力指数
重　庆	0.3099	0.0362	0.0917
深　圳	0.0522	0.0778	0.0726
杭　州	0.1051	0.0565	0.0664
广　州	0.0591	0.0647	0.0635
成　都	0.0725	0.0569	0.0617

（五）时代融合指数

时代融合指数由乡村文旅指数和红色文旅指数 2 个三级指标构成。其中，乡村文旅指数包含乡村文旅扶贫政策数量指数、乡村文旅扶贫新闻热度指数、乡村文旅政策数量指数、乡村文旅新闻热度指数以及乡村旅游重点村数量指数 5 个四级指标；红色文旅指数由红色旅游景区数量指数、红色旅游路线数量指数、红色文旅政策数量指数和红色文旅新闻热度指数 4 个四级指标组成。在时代融合指数的三级指标中，乡村文旅指数的权重为 0.5754，红色文旅指数的权重为0.4246，反映出各地区在红色文旅发展上的差异较为显著。

时代融合指数较高的城市（地区）包括北京市、重庆市、上海市、阿克苏地区、吴忠市、巴中市、六安市、广州市、泰州市和杭州市。其中，北京市、重庆市和上海市在乡村文化旅游扶贫工作上表现突出，特别是在文化旅游扶贫政策数量上处于全国领先地位。

从时代融合指数来看，北京市、重庆市和上海市的指数分别为0.5551、0.3921 和 0.3599，表现领先于其他城市（地区）。而其余城市（地区）的指数分布在 0.12～0.24，显示出一定的差距（见表7）。

表7　2023年部分城市（地区）时代融合指数

城市（地区）	乡村文旅指数	红色文旅指数	时代融合指数
北　京	0.2895	0.9149	0.5551
重　庆	0.4576	0.3034	0.3921
上　海	0.2166	0.5542	0.3599
阿克苏	0.4056	0.0000	0.2334
吴　忠	0.2516	0.2022	0.2306
巴　中	0.0741	0.3161	0.1768
六　安	0.0746	0.3006	0.1706
广　州	0.1571	0.1861	0.1694
泰　州	0.1059	0.1594	0.1286
杭　州	0.0743	0.1845	0.1211

注：2023年，大数据采集的阿克苏地区红色文旅新闻仅9条，其余指标统计为0，根据最终数据计算结果保留小数点后4位。

（六）文旅产业发展弹性指数

文旅产业发展弹性指数由2个三级指标构成，即文化产业发展弹性指数和旅游产业发展弹性指数。其中，文化产业发展弹性指数仅由城镇居民文化消费占总支出的比重变化幅度指数1个四级指标构成；而旅游产业发展弹性指数包含2个四级指标，分别为国内旅游人次变化幅度指数和国际旅游人次变化幅度指数。在文旅产业发展弹性指数的构成中，文化产业发展弹性指数的权重为0.3274，旅游产业发展弹性指数的权重为0.6726。

文旅产业发展弹性指数较高的城市（自治州、地区）有克孜勒苏柯尔克孜自治州、张家界市、那曲市、湘西土家族苗族自治州、日喀则市、迪庆藏族自治州、临沧市、阿里地区、伊犁哈萨克自治州、三沙市。上述城市（自治州、地区）均为普通城市（自治州、地区），其中西藏自治区占3个。从文旅产业发展弹性指数看，克孜勒苏柯尔克孜自治州和张家界市指数分别为 0.6667 和 0.6599,皆大于 0.65,略微高于其他城市(自治州、地区)。湘西土家族苗族自治州、日喀则市、迪庆藏族自治州、临沧市指数在 0.4 以上、0.5 以下,相互之间差距不大。阿里地区、伊犁哈萨克自治州、三沙市指数介于 0.37~0.39,差距同样较小(见表8)。

表8　2023 年部分城市(自治州、地区)文旅产业发展弹性指数

城市 (自治州、地区)	文化产业发展 弹性指数	旅游产业发展 弹性指数	文旅产业发展 弹性指数
克孜勒苏柯尔克孜	0.1512	0.5155	0.6667
张家界	0.1524	0.5075	0.6599
那曲	0.1037	0.4786	0.5823
湘西	0.1497	0.3324	0.4821
日喀则	0.1160	0.3492	0.4652
迪庆	0.0615	0.3615	0.4230
临沧	0.0679	0.3523	0.4202
阿里	0.1115	0.2720	0.3835
伊犁	0.0910	0.2918	0.3828
三沙	0.3274	0.0451	0.3725

三　文旅融合产业发展区域差异分析

(一)区域发展差异

本报告对于东部、中部、西部和东北地区的划分具体如下:东部地区包括北京市、天津市、河北省、上海市、江苏省、浙江省、福建省、山东省、广东省和海南省 10 个省(市);中部地区涵盖山西省、安徽省、江西省、湖南省、湖北省和河南省 6 个省;西部地区包含内

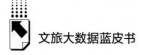

蒙古自治区、广西壮族自治区、重庆市、四川省、贵州省、云南省、西藏自治区、陕西省、甘肃省、青海省、宁夏回族自治区和新疆维吾尔自治区 12 个省（区、市）；东北地区则由辽宁省、吉林省和黑龙江省组成。

1. 文旅融合产业发展综合指数区域差异

从区域分布来看，在文旅融合产业发展综合指数 TOP50 城市（自治州、地区）中，东部地区占据 21 席，西部地区占 13 席，中部地区占 12 席，西部和中部地区在文旅融合产业发展水平上整体相当。相比之下，东北地区仅占 4 席，表明在文旅融合产业发展方面还有较大的提升空间（见表 9）。

**表 9　2023 年文旅融合产业发展综合指数 TOP50 城市
（自治州、地区）分布情况**

单位：个

区域	城市（自治区、地区）数量
东　部	21
中　部	12
西　部	13
东　北	4

从省（区、市）来看，根据文旅融合产业发展综合指数 TOP50 城市（自治州、地区）分布情况，广东省、江苏省等文旅融合建设成果比较突出（见表 10）。

表 10　2023 年文旅融合产业发展综合指数 TOP50 城市（自治州、地区）

区域	省（区、市）	城市 （自治州、地区）	文旅融合产业 发展综合指数
东　部	北　京	北　京	0.7961
东　部	上　海	上　海	0.5305
西　部	重　庆	重　庆	0.2621

续表

区域	省（区、市）	城市 （自治州、地区）	文旅融合产业 发展综合指数
东　部	浙　江	杭州	0.2344
西　部	四　川	成都	0.2094
东　部	广　东	广州	0.1975
中　部	湖　北	武汉	0.1914
东　部	广　东	深圳	0.1879
西　部	陕　西	西安	0.1855
东　部	江　苏	南京	0.1855
东　部	江　苏	苏州	0.1650
中　部	湖　南	张家界	0.1636
西　部	新　疆	克孜勒苏柯尔克孜	0.1590
中　部	河　南	郑州	0.1560
东　部	海　南	三亚	0.1523
中　部	湖　南	长沙	0.1511
中　部	河　南	洛阳	0.1454
东　部	福　建	福州	0.1405
东　北	黑龙江	哈尔滨	0.1364
东　部	广　东	佛山	0.1354
西　部	四　川	巴中	0.1314
东　部	山　东	青岛	0.1294
东　部	天　津	天津	0.1235
中　部	安　徽	六安	0.1218
东　北	辽　宁	沈阳	0.1186
西　部	广　西	桂林	0.1175
中　部	安　徽	合肥	0.1149
中　部	河　南	开封	0.1135
西　部	西　藏	那曲	0.1107
东　部	海　南	三沙	0.1105
东　部	山　东	济南	0.1097
西　部	宁　夏	吴忠	0.1080
中　部	湖　南	湘西	0.1044
东　部	广　东	中山	0.1037
中　部	山　西	太原	0.1031
西　部	云　南	昆明	0.1022
西　部	云　南	丽江	0.1016
东　部	山　东	烟台	0.0975

区域	省（区、市）	城市 （自治州、地区）	文旅融合产业 发展综合指数
东　部	福　建	厦门	0.0965
中　部	江　西	南昌	0.0959
西　部	新　疆	阿克苏	0.0957
东　部	广　东	江门	0.0955
东　部	海　南	海口	0.0927
西　部	西　藏	日喀则	0.0927
东　北	吉　林	长春	0.0911
中　部	山　西	大同	0.0907
东　部	广　东	东莞	0.0891
东　部	山　东	济宁	0.0890
西　部	云　南	迪庆	0.0885
东　北	吉　林	吉林	0.0883

2. 二级指标区域差异

（1）文旅资源融合指数的区域差异

从区域分布来看，在文旅资源融合指数 TOP50 城市（自治州、地区）中，东部地区占 21 个席位，西部地区占 14 个席位，中部地区占 10 个席位，而东北地区仅占 5 个席位（见表 11）。由此可见，与东部和西部地区相比，中部和东北地区在文化与旅游资源的整合方面仍有较大的提升空间。

表 11　2023 年文旅资源融合指数 TOP50 城市（自治州、地区）分布情况

单位：个

区域	城市（自治州、地区）数量
东　部	21
中　部	10
西　部	14
东　北	5

从省（区、市）来看，根据文旅资源融合指数 TOP50 城市（自治州、地区）分布情况，山东省和浙江省分别有 5 个和 4 个城市入围，表明两省在文旅资源融合方面表现优异。值得关注的是，克孜勒苏柯尔克孜自治州、海西蒙古族藏族自治州等也进入 TOP50，反映出民族地区在文旅资源融合方面的突出表现（见表 12）。

表 12　2023 年文旅资源融合指数 TOP50 城市（自治州、地区）

区域	省(区、市)	城市（自治州、地区）	文旅内容融合指数	文旅业态融合指数	文旅资源融合指数
东　部	北　京	北京	0.7243	0.5774	0.6577
东　部	上　海	上海	0.5582	0.5380	0.5490
西　部	四　川	成都	0.1603	0.7829	0.4424
西　部	陕　西	西安	0.1284	0.7174	0.3953
东　部	江　苏	南京	0.1365	0.6888	0.3868
东　部	天　津	天津	0.1768	0.4741	0.3115
东　部	江　苏	苏州	0.1229	0.5369	0.3105
西　部	重　庆	重庆	0.1550	0.4882	0.3060
中　部	山　西	太原	0.0334	0.6140	0.2965
东　部	浙　江	杭州	0.1525	0.3948	0.2623
东　北	黑龙江	七台河	0.4585	0.0113	0.2558
东　部	福　建	福州	0.0943	0.4166	0.2403
中　部	安　徽	六安	0.4275	0.0083	0.2375
东　部	广　东	佛山	0.0796	0.3968	0.2234
东　北	吉　林	长春	0.0756	0.3843	0.2155
西　部	四　川	巴中	0.3902	0.0005	0.2136
西　部	云　南	丽江	0.0218	0.3885	0.1880
中　部	安　徽	合肥	0.0986	0.2948	0.1875
西　部	广　西	桂林	0.0231	0.3787	0.1843
东　部	广　东	广州	0.1590	0.2109	0.1825
东　部	浙　江	绍兴	0.0215	0.3760	0.1822
东　部	江　苏	镇江	0.0146	0.3796	0.1800
中　部	河　南	开封	0.0135	0.3786	0.1789
中　部	安　徽	宣城	0.1051	0.2673	0.1786

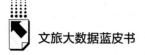

续表

区域	省(区、市)	城市 (自治州、地区)	文旅内容 融合指数	文旅业态 融合指数	文旅资源 融合指数
东　部	海　南	三沙	0.3178	0.0000	0.1738
中　部	山　西	大同	0.0186	0.3609	0.1737
西　部	宁　夏	银川	0.0137	0.3653	0.1730
西　部	四　川	乐山	0.0086	0.3687	0.1718
西　部	新　疆	克孜勒苏柯尔克孜	0.3051	0.0072	0.1701
西　部	青　海	海西	0.3049	0.0073	0.1700
中　部	湖　南	长沙	0.1056	0.2473	0.1698
中　部	河　南	安阳	0.0175	0.3535	0.1698
西　部	新　疆	塔城	0.2923	0.0180	0.1680
东　部	河　北	石家庄	0.0728	0.2700	0.1622
东　部	山　东	青岛	0.1155	0.2014	0.1544
东　部	广　东	深圳	0.1809	0.1212	0.1539
中　部	湖　北	武汉	0.1132	0.1884	0.1472
东　北	黑龙江	哈尔滨	0.1179	0.1743	0.1435
西　部	青　海	海东	0.2505	0.0142	0.1434
西　部	云　南	大理	0.0018	0.3087	0.1409
东　部	山　东	济宁	0.0215	0.2842	0.1405
东　部	山　东	济南	0.0995	0.1789	0.1355
东　北	吉　林	吉林	0.1369	0.1318	0.1346
东　部	浙　江	丽水	0.0101	0.2846	0.1345
东　部	浙　江	温州	0.0715	0.2094	0.1340
东　部	山　东	淄博	0.0183	0.2734	0.1339
西　部	青　海	黄南	0.2369	0.0070	0.1327
中　部	河　南	郑州	0.0928	0.1806	0.1326
东　部	山　东	东营	0.0133	0.2715	0.1303
东　北	辽　宁	沈阳	0.0907	0.1763	0.1295

（2）文旅融合产业指数的区域差异

从区域分布来看，在文旅融合产业指数 TOP50 城市（自治州）中，东部地区占据了 29 个席位，显示出东部沿海地区在文旅融合产业发展方面表现尤为突出。中部和西部地区各占 9 个席位，而东北地区仅占 3 个席位，与东部地区相比存在较大差距，文旅融合产业还有较大发展空间（见表 13）。

表 13　2023 年文旅融合产业指数 TOP50 城市分布情况

单位：个

区域	城市数量
东　部	29
中　部	9
西　部	9
东　北	3

在文旅融合产业指数 TOP50 城市中，山东省有 7 个城市，广东省紧随其后，有 5 个城市，再次体现了东部沿海地区在文旅融合产业发展中的显著优势。此外，河南省、浙江省和福建省各有 3 个城市进入 TOP50，表明三省的文旅融合产业也处于较为良好的发展水平（见表 14）。

表 14　2023 年文旅融合产业指数 TOP50 城市

区域	省（区、市）	城市	文旅消费指数	文旅发展潜力指数	文旅融合产业指数
东　部	北　京	北京	0.7730	1.0000	0.9169
东　部	上　海	上海	0.8013	0.5956	0.6709
东　部	浙　江	杭州	0.1879	0.5286	0.4038
东　部	广　东	广州	0.4952	0.2047	0.3111
西　部	重　庆	重庆	0.3730	0.2690	0.3071
东　部	广　东	深圳	0.6517	0.0698	0.2829
中　部	河　南	郑州	0.6979	0.0402	0.2810
西　部	陕　西	西安	0.3733	0.1755	0.2479
中　部	湖　南	长沙	0.2658	0.2319	0.2443
东　部	江　苏	苏州	0.2096	0.2443	0.2316
西　部	四　川	成都	0.3282	0.1359	0.2063

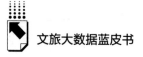

续表

区域	省(区、市)	城市	文旅消费指数	文旅发展潜力指数	文旅融合产业指数
东 部	江 苏	南京	0.2487	0.1783	0.2041
中 部	湖 北	武汉	0.2565	0.1642	0.1980
东 部	江 苏	南通	0.0596	0.2213	0.1621
东 部	山 东	青岛	0.3111	0.0691	0.1577
东 北	辽 宁	沈阳	0.2420	0.1052	0.1553
东 部	山 东	济南	0.2997	0.0687	0.1533
东 部	河 北	石家庄	0.3434	0.0413	0.1520
西 部	宁 夏	吴忠	0.0177	0.2169	0.1439
中 部	安 徽	合肥	0.1710	0.1252	0.1420
西 部	云 南	昆明	0.2612	0.0701	0.1401
东 部	山 东	临沂	0.3015	0.0404	0.1360
东 部	山 东	潍坊	0.2240	0.0831	0.1347
东 部	福 建	福州	0.2187	0.0847	0.1338
中 部	河 南	洛阳	0.2118	0.0803	0.1285
西 部	甘 肃	兰州	0.1533	0.1081	0.1247
东 部	天 津	天津	0.2314	0.0598	0.1227
东 北	吉 林	长春	0.2454	0.0449	0.1183
东 北	黑龙江	哈尔滨	0.2521	0.0396	0.1174
东 部	广 东	佛山	0.2271	0.0510	0.1155
东 部	山 东	烟台	0.1877	0.0710	0.1137
中 部	山 西	太原	0.2306	0.0409	0.1104
东 部	浙 江	金华	0.1978	0.0596	0.1102
东 部	广 东	江门	0.0582	0.1380	0.1088
东 部	山 东	济宁	0.2131	0.0479	0.1084
东 部	福 建	泉州	0.2250	0.0390	0.1071
东 部	江 苏	无锡	0.1044	0.1069	0.1060
西 部	新 疆	乌鲁木齐	0.1280	0.0885	0.1030
东 部	浙 江	温州	0.1790	0.0586	0.1027
中 部	江 西	南昌	0.0785	0.1161	0.1024
西 部	内 蒙 古	呼和浩特	0.2088	0.0292	0.0950
西 部	广 西	南宁	0.2405	0.0087	0.0936
东 部	海 南	三亚	0.0629	0.1069	0.0908
中 部	河 南	许昌	0.1087	0.0789	0.0898

续表

区域	省（区、市）	城市	文旅消费指数	文旅发展潜力指数	文旅融合产业指数
东　部	江　苏	徐州	0.1083	0.0782	0.0892
东　部	广　东	东莞	0.2246	0.0073	0.0869
东　部	福　建	厦门	0.2251	0.0000	0.0824
东　部	海　南	海口	0.1054	0.0677	0.0815
东　部	山　东	淄博	0.1540	0.0363	0.0794
中　部	山　西	运城	0.1044	0.0631	0.0782

（3）文旅信息融合指数的区域差异

从区域分布来看，在文旅信息融合指数 TOP50 城市（地区）中，东部地区占 20 个席位，中部地区占 16 个席位，而西部地区占 10 个席位。相比之下，东北地区在文旅信息融合方面表现相对落后，仅占 4 个席位（见表 15），分别是沈阳市、哈尔滨市、吉林市和本溪市。由此可见，东部和中部地区在文旅信息融合程度上优于西部和东北地区，东北地区的文旅信息融合发展水平还需进一步提升。

表 15　2023 年文旅信息融合指数 TOP50 城市（地区）分布情况

单位：个

区域	城市（地区）数量
东　部	20
中　部	16
西　部	10
东　北	4

在文旅信息融合指数 TOP50 城市（地区）中，河南省占 8 个席位，其中洛阳市、郑州市和开封市表现尤为突出；山东省共占 4 个席位，体现了山东省在文旅信息融合方面的良好发展成效（见表 16）。

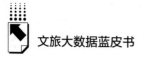

表 16 2023 年文旅信息融合指数 TOP50 城市（地区）

区域	省（区、市）	城市（地区）	数字化管理指数	数字化评价指数	文旅信息融合指数
中 部	河 南	洛阳	0.5997	0.0458	0.6455
东 部	北 京	北京	0.5009	0.0667	0.5676
中 部	河 南	郑州	0.3754	0.0225	0.3980
中 部	河 南	开封	0.2928	0.0678	0.3606
东 部	福 建	福州	0.0212	0.3155	0.3367
东 部	浙 江	杭州	0.1467	0.1681	0.3148
东 部	上 海	上海	0.1406	0.1678	0.3084
东 部	广 东	深圳	0.2676	0.0193	0.2869
东 部	山 东	青岛	0.0569	0.2203	0.2772
西 部	四 川	成都	0.2006	0.0334	0.2340
西 部	宁 夏	吴忠	0.0927	0.1127	0.2054
东 部	山 东	烟台	0.0665	0.1204	0.1869
东 部	江 苏	南京	0.1245	0.0567	0.1812
西 部	陕 西	西安	0.1522	0.0164	0.1686
东 部	山 东	济南	0.0917	0.0692	0.1610
东 部	福 建	厦门	0.0338	0.1225	0.1563
中 部	湖 南	长沙	0.1204	0.0292	0.1497
东 部	浙 江	宁波	0.0993	0.0440	0.1433
西 部	重 庆	重庆	0.0454	0.0931	0.1385
东 部	广 东	广州	0.0917	0.0435	0.1352
中 部	湖 北	武汉	0.1119	0.0207	0.1326
中 部	河 南	南阳	0.1099	0.0176	0.1274
中 部	安 徽	合肥	0.0993	0.0206	0.1199
中 部	湖 北	宜昌	0.0811	0.0316	0.1127
西 部	陕 西	延安	0.0645	0.0464	0.1109
东 部	浙 江	湖州	0.0791	0.0279	0.1070
东 北	辽 宁	沈阳	0.0877	0.0187	0.1063
东 部	江 苏	扬州	0.0222	0.0837	0.1059

续表

区域	省（区、市）	城市（地区）	数字化管理指数	数字化评价指数	文旅信息融合指数
中 部	河 南	新乡	0.0867	0.0178	0.1045
中 部	河 南	许昌	0.0857	0.0172	0.1028
东 部	浙 江	丽水	0.0771	0.0253	0.1024
中 部	江 西	九江	0.0801	0.0194	0.0996
东 部	海 南	海口	0.0801	0.0184	0.0986
西 部	甘 肃	兰州	0.0454	0.0522	0.0975
中 部	山 西	大同	0.0781	0.0188	0.0969
东 部	浙 江	绍兴	0.0338	0.0630	0.0968
中 部	河 南	焦作	0.0665	0.0297	0.0962
西 部	内蒙古	乌兰察布	0.0464	0.0494	0.0958
东 部	山 东	东营	0.0000	0.0929	0.0929
东 部	江 苏	苏州	0.0443	0.0478	0.0921
东 部	河 北	承德	0.0580	0.0333	0.0913
中 部	河 南	商丘	0.0771	0.0116	0.0887
中 部	山 西	晋中	0.0811	0.0075	0.0887
西 部	云 南	大理	0.0580	0.0301	0.0881
东 北	黑龙江	哈尔滨	0.0665	0.0210	0.0876
中 部	湖 南	郴州	0.0695	0.0180	0.0875
西 部	云 南	昆明	0.0675	0.0186	0.0861
西 部	新 疆	阿克苏	0.0695	0.0153	0.0849
东 北	吉 林	吉林	0.0569	0.0262	0.0832
东 北	辽 宁	本溪	0.0685	0.0145	0.0830

（4）文旅融合影响力指数的区域差异

从区域分布来看，在文旅融合影响力指数TOP50城市（自治州）中，东部地区占24个席位，文旅融合影响力明显优于其他区域；西部地区占12个席位，中部地区则占9个席位；相比之下，东北地区仅占5个席位，表明东北地区文旅融合影响力相对较弱（见表17）。

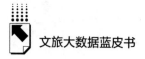

表 17   2023 年文旅融合影响力指数 TOP50 城市（自治州）
分布情况

单位：个

区域	城市(自治州)数量
东　部	24
中　部	9
西　部	12
东　北	5

从分布来看，在文旅融合影响力指数 TOP50 城市（自治州）中，广东省、江苏省各占 5 个，表明两省在文旅融合影响力方面表现突出，具有较大的影响力（见表 18）。

表 18   2023 年文旅融合影响力指数 TOP50 城市（自治州）

区域	省(区、市)	城市（自治州）	国内影响力指数	国外影响力指数	文旅融合影响力指数
东　部	北　京	北　京	0.6375	1.0000	0.9265
东　部	上　海	上　海	0.0789	0.6405	0.5266
东　部	海　南	三　亚	0.9797	0.0100	0.2066
中　部	湖　北	武　汉	0.4670	0.0831	0.1609
东　北	黑龙江	哈尔滨	0.4421	0.0085	0.0964
西　部	重　庆	重　庆	0.3099	0.0362	0.0917
东　部	广　东	深　圳	0.0522	0.0778	0.0726
东　部	浙　江	杭　州	0.1051	0.0565	0.0664
东　部	广　东	广　州	0.0591	0.0647	0.0635
西　部	四　川	成　都	0.0725	0.0589	0.0617
东　部	福　建	厦　门	0.2486	0.0098	0.0582
东　部	江　苏	南　京	0.1220	0.0401	0.0567
西　部	陕　西	西　安	0.1559	0.0243	0.0510
东　部	江　苏	苏　州	0.0952	0.0343	0.0467
东　部	山　东	青　岛	0.1165	0.0244	0.0431
中　部	湖　南	长　沙	0.1813	0.0071	0.0425

续表

区域	省(区、市)	城市 (自治州)	国内影响力 指数	国外影响力 指数	文旅融合 影响力指数
中 部	湖 南	张家界	0.1409	0.0159	0.0412
西 部	贵 州	铜 仁	0.1631	0.0005	0.0335
中 部	河 南	洛 阳	0.1090	0.0081	0.0285
东 部	广 东	佛 山	0.0260	0.0284	0.0279
东 北	吉 林	延 边	0.1314	0.0006	0.0271
东 北	吉 林	吉 林	0.0289	0.0232	0.0244
东 部	浙 江	宁 波	0.0339	0.0215	0.0240
东 部	广 东	清 远	0.1140	0.0011	0.0240
东 部	江 苏	扬 州	0.0942	0.0048	0.0229
中 部	安 徽	淮 南	0.0098	0.0257	0.0225
东 部	河 北	秦皇岛	0.0999	0.0006	0.0207
东 部	山 东	日 照	0.0961	0.0008	0.0201
西 部	西 藏	昌 都	0.0345	0.0164	0.0200
西 部	西 藏	拉 萨	0.0285	0.0174	0.0196
西 部	宁 夏	吴 忠	0.0945	0.0004	0.0195
西 部	广 西	桂 林	0.0575	0.0096	0.0193
西 部	贵 州	贵 阳	0.0400	0.0131	0.0186
东 部	天 津	天 津	0.0087	0.0210	0.0185
东 北	辽 宁	沈 阳	0.0510	0.0095	0.0180
东 部	江 苏	泰 州	0.0858	0.0006	0.0179
中 部	河 南	郑 州	0.0226	0.0167	0.0179
中 部	安 徽	黄 山	0.0426	0.0114	0.0177
东 部	广 东	珠 海	0.0289	0.0145	0.0174
东 北	辽 宁	大 连	0.0678	0.0044	0.0173
西 部	云 南	昆 明	0.0320	0.0124	0.0163
东 部	江 苏	无 锡	0.0097	0.0180	0.0163
东 部	福 建	泉 州	0.0598	0.0049	0.0160
西 部	云 南	丽 江	0.0472	0.0060	0.0143
东 部	福 建	福 州	0.0353	0.0082	0.0137
东 部	山 东	济 南	0.0426	0.0059	0.0134
中 部	山 西	大 同	0.0286	0.0087	0.0127
西 部	广 西	南 宁	0.0377	0.0059	0.0124
中 部	湖 南	郴 州	0.0581	0.0006	0.0122
东 部	浙 江	绍 兴	0.0291	0.0079	0.0122

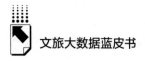

（5）时代融合指数的区域差异

在时代融合指数 TOP50 城市（自治州、地区）中，东部地区占 23 个席位，西部地区占 14 个席位，中部地区占 10 个席位，而东北地区仅占 3 个席位（见表 19）。北京市、重庆市和上海市三大直辖市表现优异，阿克苏地区和吴忠市表现也较好，展现了时代融合方面的显著成效。

表 19　2023 年时代融合指数 TOP50 城市（自治州、地区）
分布情况

单位：个

区域	城市（自治州、地区）数量
东　部	23
中　部	10
西　部	14
东　北	3

从分布来看，在时代融合指数 TOP50 城市（自治州、地区）中，江苏省占 4 个；广东省、山东省和贵州省各占 3 个，表明这些省份在时代融合方面表现良好（见表 20）。

表 20　2023 年时代融合指数 TOP50 城市（自治州、地区）

区域	省（区、市）	城市（自治州、地区）	乡村文旅指数	红色文旅指数	时代融合指数
东　部	北　京	北京	0.2895	0.9149	0.5551
西　部	重　庆	重庆	0.4576	0.3034	0.3921
东　部	上　海	上海	0.2166	0.5542	0.3599
西　部	新　疆	阿克苏	0.4056	0.0000	0.2334
西　部	宁　夏	吴忠	0.2516	0.2022	0.2306
西　部	四　川	巴中	0.0741	0.3161	0.1768

续表

区域	省(区、市)	城市(自治州、地区)	乡村文旅指数	红色文旅指数	时代融合指数
中　部	安　徽	六安	0.0746	0.3006	0.1706
东　部	广　东	广州	0.1571	0.1861	0.1694
东　部	江　苏	泰州	0.1059	0.1594	0.1286
东　部	浙　江	杭州	0.0743	0.1845	0.1211
东　北	辽　宁	沈阳	0.0054	0.2423	0.1060
西　部	四　川	成都	0.0239	0.2135	0.1044
东　部	广　东	江门	0.0395	0.1803	0.0993
东　部	河　北	保定	0.0048	0.1999	0.0876
东　部	浙　江	台州	0.1293	0.0088	0.0781
东　北	黑龙江	哈尔滨	0.0300	0.1431	0.0780
西　部	陕　西	延安	0.0039	0.1781	0.0779
中　部	江　西	吉安	0.0035	0.1764	0.0769
东　部	江　苏	南京	0.0200	0.1469	0.0739
中　部	安　徽	黄山	0.0161	0.1521	0.0738
中　部	湖　南	长沙	0.0107	0.1564	0.0726
西　部	贵　州	贵阳	0.0070	0.1573	0.0708
东　部	河　北	石家庄	0.0092	0.1541	0.0707
中　部	湖　北	随州	0.0342	0.1182	0.0699
西　部	内蒙古	乌兰察布	0.0827	0.0499	0.0688
东　部	福　建	龙岩	0.0045	0.1540	0.0680
东　部	海　南	三沙	0.0227	0.1273	0.0671
西　部	甘　肃	兰州	0.0047	0.1502	0.0665
中　部	山　西	晋中	0.0437	0.0959	0.0659
西　部	甘　肃	定西	0.0026	0.1464	0.0637
中　部	河　南	信阳	0.0210	0.1173	0.0619
东　部	广　东	深圳	0.0508	0.0745	0.0608
西　部	云　南	昆明	0.0221	0.1125	0.0605
东　部	山　东	烟台	0.0393	0.0873	0.0597
东　部	天　津	天津	0.0260	0.1038	0.0590
东　部	江　苏	苏州	0.0202	0.1100	0.0583
中　部	湖　北	武汉	0.0114	0.1204	0.0577

续表

区域	省(区、市)	城市(自治州、地区)	乡村文旅指数	红色文旅指数	时代融合指数
西 部	四 川	阿坝	0.0058	0.1279	0.0577
东 部	海 南	海口	0.0136	0.1152	0.0567
东 部	福 建	南平	0.0040	0.1267	0.0561
中 部	江 西	南昌	0.0175	0.1045	0.0545
东 部	浙 江	温州	0.0227	0.0927	0.0524
西 部	贵 州	铜仁	0.0113	0.1080	0.0524
西 部	贵 州	遵义	0.0063	0.1148	0.0523
东 部	山 东	济南	0.0090	0.1062	0.0503
东 部	河 北	唐山	0.0156	0.0972	0.0503
东 部	江 苏	南通	0.0336	0.0722	0.0500
东 部	山 东	临沂	0.0102	0.1005	0.0485
中 部	山 西	大同	0.0174	0.0879	0.0474
东 北	黑龙江	牡丹江	0.0036	0.1043	0.0464

（6）文旅产业发展弹性指数的区域差异

从区域分布来看，在文旅产业发展弹性指数 TOP50 城市（自治州、盟、地区）中，西部地区占 26 个席位，表明西部地区文旅产业整体发展弹性较高；东部地区占 20 个席位，以广东省为代表，表现也较为突出。相比之下，中部地区仅占 4 个席位，而东北地区无城市入围，表明中部和东北地区文旅产业整体发展弹性较低（见表 21）。

表 21　2023 年文旅产业发展弹性指数 TOP50 城市（自治州、盟、地区）分布情况

单位：个

区域	城市(自治州、盟、地区)数量
东 部	20
中 部	4
西 部	26
东 北	0

从分布来看，在文旅产业发展弹性指数 TOP50 城市（自治州、盟、地区）中，广东省占 18 个，充分体现了广东省文旅产业较强的弹性；新疆维吾尔自治区占 9 个、云南省占 6 个，两省（区）在文旅产业发展弹性指数上的表现比大部分省（区、市）突出（见表22）。

表22　2023 年文旅产业发展弹性指数 TOP50 城市（自治州、盟、地区）

区域	省（区、市）	城市（自治州、盟、地区）	文化产业发展弹性指数	旅游产业发展弹性指数	文旅产业发展弹性指数
西　部	新　疆	克孜勒苏柯尔克孜	0.1512	0.5155	0.6667
中　部	湖　南	张家界	0.1524	0.5075	0.6599
西　部	西　藏	那曲	0.1037	0.4786	0.5823
中　部	湖　南	湘西	0.1497	0.3324	0.4821
西　部	西　藏	日喀则	0.1160	0.3492	0.4652
西　部	云　南	迪庆	0.0615	0.3615	0.4230
西　部	云　南	临沧	0.0679	0.3523	0.4202
西　部	西　藏	阿里	0.1115	0.2720	0.3835
西　部	新　疆	伊犁	0.0910	0.2918	0.3828
东　部	海　南	三沙	0.3274	0.0451	0.3725
西　部	西　藏	山南	0.1765	0.1867	0.3632
东　部	广　东	珠海	0.1543	0.2044	0.3588
西　部	新　疆	博尔塔拉	0.1106	0.2203	0.3310
东　部	广　东	茂名	0.1802	0.1495	0.3297
东　部	广　东	清远	0.1727	0.1538	0.3265
西　部	新　疆	吐鲁番	0.1488	0.1745	0.3233
东　部	广　东	肇庆	0.1584	0.1575	0.3160
东　部	广　东	中山	0.1510	0.1645	0.3154
东　部	广　东	云浮	0.1862	0.1284	0.3146
东　部	广　东	揭阳	0.1832	0.1291	0.3123
东　部	广　东	佛山	0.1247	0.1784	0.3032
东　部	广　东	汕头	0.1286	0.1717	0.3003
东　部	广　东	韶关	0.1539	0.1464	0.3003
西　部	新　疆	乌鲁木齐	0.1138	0.1846	0.2984
西　部	新　疆	克拉玛依	0.0951	0.2008	0.2959

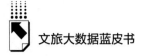

续表

区域	省(区、市)	城市(自治州、盟、地区)	文化产业发展弹性指数	旅游产业发展弹性指数	文旅产业发展弹性指数
东部	广东	汕尾	0.1901	0.1055	0.2956
东部	广东	河源	0.1443	0.1508	0.2952
西部	广西	桂林	0.1329	0.1621	0.2951
西部	云南	丽江	0.1135	0.1741	0.2876
东部	广东	东莞	0.1434	0.1428	0.2862
西部	新疆	哈密	0.0761	0.2101	0.2862
西部	云南	德宏	0.1107	0.1738	0.2845
东部	广东	阳江	0.1646	0.1124	0.2770
中部	湖北	武汉	0.1277	0.1471	0.2748
西部	四川	南充	0.1866	0.0881	0.2747
东部	广东	惠州	0.1441	0.1287	0.2728
东部	广东	江门	0.1526	0.1180	0.2706
西部	四川	巴中	0.1761	0.0935	0.2696
西部	内蒙古	锡林郭勒	0.0836	0.1833	0.2669
西部	新疆	阿勒泰	0.1008	0.1660	0.2668
东部	广东	梅州	0.1416	0.1244	0.2660
西部	云南	文山	0.1220	0.1373	0.2592
中部	山西	长治	0.0828	0.1765	0.2592
西部	广西	河池	0.0904	0.1673	0.2577
东部	广东	湛江	0.1565	0.0967	0.2532
西部	云南	西双版纳	0.1102	0.1424	0.2526
东部	海南	三亚	0.1594	0.0928	0.2523
西部	四川	达州	0.1599	0.0921	0.2521
西部	新疆	喀什	0.0608	0.1909	0.2517
西部	贵州	铜仁	0.1682	0.0817	0.2499

(二)直辖市发展差异

四个直辖市在文旅融合产业发展上的表现差异显著。首先,在文旅资源融合指数方面，北京市和上海市表现较好，展现了资源整合的优势。文旅融合产业指数方面，北京市依然表现最为突出，而天津市和重庆市的指数相对较低。在文旅信息融合指数上，北京市居首位，信息化发展水平遥遥领先；相比之下，天津市在数字化管理和评价方面表现较弱。在文旅融合影响力指数上，北京市和上海市继续领跑，展现了较强的综合影响力，而天津市和重庆市表现较为薄弱。在文旅产业发展弹性指数方面，天津市表现较差，表明其在面对不确定性因素时，亟须提高应对能力（见表23）。

表 23　2023 年直辖市文旅融合产业发展综合指数

直辖市	文旅资源融合指数	文旅融合产业指数	文旅信息融合指数	文旅融合影响力指数	时代融合指数	文旅产业发展弹性指数	文旅融合产业发展综合指数
北　京	0.6577	0.9169	0.5676	0.9265	0.5551	0.2040	0.7961
上　海	0.5490	0.6709	0.3084	0.5266	0.3599	0.1960	0.5305
重　庆	0.3060	0.3071	0.1385	0.0917	0.3921	0.2000	0.2621
天　津	0.3115	0.1227	0.0450	0.0185	0.0590	0.1549	0.1235

（三）副省级/省会城市发展差异

在 32 个副省级/省会城市中，文旅融合产业发展综合指数较高的包括杭州市、成都市、广州市、武汉市、深圳市、西安市、南京市、郑州市、长沙市和福州市。

从 32 个副省级/省会城市的文旅融合产业发展数据来看，各城市在文旅资源融合指数、文旅信息融合指数以及文旅融合产业指数等方面存在显著差异。首先，在文旅资源融合指数方面，成都市以0.4424 领先其他城市，展示了其在资源整合方面的优势。杭州市的时代融合指数为 0.1211，表现相对突出，同时杭州市文旅融合产业指数达到 0.4038，显示出较大的产业融合发展潜力。在文旅信息融合指数方面，郑州市指数达 0.3980，表现优异，说明其文旅产业数字化、信息化方面的融合程度较高。武汉市文旅融合影响力指数达 0.1609，反映出其在推动文化和旅游融合方面的强大影响力（见表 24）。整体来看，各城市在文旅信息融合、文旅融合影响力以及文旅产业发展的不同维度取得了一定的成绩，但城市间的表现仍然存在较大差异，部分城市在文旅融合产业发展的某些领域表现出色，而其他城市在某些方面仍有提升空间。这表明文旅融合产业的发展不仅依赖资源整合，还需要多方面的协调和进步，包括信息化水平、产业弹性及影响力等的提升。

表 24 2023 年副省级/省会城市文旅融合产业发展综合指数

省（区）	城市	文旅资源融合指数	文旅融合产业指数	文旅信息融合指数	文旅融合影响力指数	时代融合指数	文旅产业发展弹性指数	文旅融合产业发展综合指数
浙 江	杭州	0.2623	0.4038	0.3148	0.0664	0.1211	0.2096	0.2344
四 川	成都	0.4424	0.2063	0.2340	0.0617	0.1044	0.1913	0.2094
广 东	广州	0.1825	0.3111	0.1352	0.0635	0.1694	0.2297	0.1975
湖 北	武汉	0.1472	0.1980	0.1326	0.1609	0.0577	0.2748	0.1914
广 东	深圳	0.1539	0.2829	0.2869	0.0726	0.0608	0.2399	0.1879
陕 西	西安	0.3953	0.2479	0.1686	0.0510	0.0111	0.2090	0.1855
江 苏	南京	0.3868	0.2041	0.1812	0.0567	0.0739	0.1809	0.1855
河 南	郑州	0.1326	0.2810	0.3980	0.0179	0.0193	0.1704	0.1560
湖 南	长沙	0.1698	0.2443	0.1497	0.0425	0.0726	0.1866	0.1511
福 建	福州	0.2403	0.1338	0.3367	0.0137	0.0438	0.1616	0.1405
黑龙江	哈尔滨	0.1435	0.1174	0.0876	0.0964	0.0780	0.1880	0.1364
山 东	青岛	0.1544	0.1577	0.2772	0.0431	0.0225	0.1500	0.1294
辽 宁	沈阳	0.1295	0.1553	0.1063	0.0180	0.1060	0.1730	0.1186
安 徽	合肥	0.1875	0.1420	0.1199	0.0096	0.0375	0.1929	0.1149
山 东	济南	0.1355	0.1533	0.1610	0.0134	0.0503	0.1557	0.1097
山 西	太原	0.2965	0.1104	0.0586	0.0036	0.0427	0.1069	0.1031
云 南	昆明	0.1242	0.1401	0.0861	0.0163	0.0605	0.1640	0.1022

省(区)	城市	文旅资源融合指数	文旅融合产业指数	文旅信息融合指数	文旅融合影响力指数	时代融合指数	文旅产业发展弹性指数	文旅融合产业发展综合指数
福 建	厦门	0.0723	0.0824	0.1563	0.0582	0.0127	0.1682	0.0965
江 西	南昌	0.1108	0.1024	0.0813	0.0117	0.0545	0.1974	0.0959
海 南	海口	0.0772	0.0815	0.0986	0.0110	0.0567	0.2204	0.0927
吉 林	长春	0.2155	0.1183	0.0671	0.0078	0.0076	0.1263	0.0911
河 北	石家庄	0.1622	0.1520	0.0585	0.0098	0.0707	0.0593	0.0881
新 疆	乌鲁木齐	0.0131	0.1030	0.0432	0.0095	0.0091	0.2984	0.0860
浙 江	宁波	0.1259	0.0735	0.1433	0.0240	0.0072	0.1314	0.0824
广 西	南宁	0.0559	0.0936	0.0605	0.0124	0.0407	0.2043	0.0823
甘 肃	兰州	0.0262	0.1247	0.0975	0.0118	0.0665	0.1432	0.0805
贵 州	贵阳	0.0358	0.0644	0.0309	0.0186	0.0708	0.1411	0.0666
宁 夏	银川	0.1730	0.0705	0.0340	0.0053	0.0390	0.0704	0.0665
辽 宁	大连	0.0606	0.0687	0.0599	0.0173	0.0100	0.1612	0.0663
西 藏	拉萨	0.0787	0.0283	0.0288	0.0196	0.0129	0.1743	0.0622
青 海	西宁	0.0156	0.0407	0.0511	0.0040	0.0355	0.1646	0.0537
内蒙古	呼和浩特	0.0680	0.0950	0.0279	0.0063	0.0111	0.0684	0.0485

四 中国文旅融合产业发展态势总体分析

2018 年文化和旅游部成立以来，文化与旅游的融合已成为旅游行业的热门话题，也受到国家和省级政府的高度重视。各级政府通过制定和实施相关规划，积极推动文化与旅游的深度整合，致力于提升文化与旅游融合的产业模式发展水平。从文旅融合产业发展综合指数来看，北京市遥遥领先，各项二级指标均处于前列。北京市、上海市等大城市的综合指数较高，而成都市、西安市等城市紧随其后，在文化与旅游产业的融合发展中取得了显著成绩，为全国其他城市提供了良好的示范。

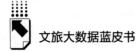

从具体二级指标来看，各区域在文旅资源融合、文旅融合产业、文旅信息融合、文旅产业发展弹性、时代融合以及文旅融合影响力等方面的发展水平仍然存在不均衡、不充分的问题。在各二级指标TOP50中，东部地区占据了最多的席位，显示出较强的区域优势；而各区域之间在文旅融合发展水平上的差异也较为显著，北京市、上海市等依然保持全国领先地位。

从四个直辖市的情况来看，北京市和上海市在文旅融合产业综合发展方面稍优于重庆市和天津市，但四个直辖市的发展水平整体相差不大。从副省级/省会城市来看，杭州市、成都市和广州市等东西部重点城市在文旅融合产业发展方面表现突出，具备较强的竞争力。在当前文旅融合发展大势正盛的背景下，各城市应紧跟产业发展趋势，及时调整政策规划，为文旅产业的深度融合提供更加坚实的基础。

需要特别关注的是，我国文化与旅游产业融合发展面临严重的地区不平衡问题。从整体来看，我国文旅融合产业发展水平的区域间差异较大，融合体系仍需完善，进一步深化改革尤为重要。文旅融合产业的发展以文化产业和旅游产业为基础，而区域间文化产业与旅游产业发展的不均衡正是造成文旅融合产业区域间差异的根本因素。因此，国家和各省（区、市）需要重点关注文化与旅游产业的协调发展，加强资源整合与统筹规划，缩小区域发展差距，以实现文旅融合产业的全局性、可持续发展。

参考文献

崔凤军、徐宁宁、陈旭峰：《县域文化和旅游融合发展评价指数的实证研究》，《治理研究》2022 年第 5 期。

章坤等：《历史文化街区文旅融合的内涵结构与实证测度——以晋江五

店市为例》,《旅游论坛》2023年第5期。

隋依诺:《少数民族地区文旅产业数字化发展研究——以云南地区为例》,《互联网周刊》2022年第15期。

邓小茹、陈颖瑜:《WJCI评价体系的应用创新与发展思考》,《情报工程》2023年第4期。

徐静娴:《西部地区人口城市化与土地城市化耦合协调发展研究》,《湖北农业科学》2021年第17期。

杨承玥等:《"一带一路"沿线省区文化和旅游产业协调关系及其空间相关性》,《六盘水师范学院学报》2022年第4期。

宋冠杰、罗炳玲:《黄河沿线河南段节点城市的旅游经济空间结构研究》,《平顶山学院学报》2021年第2期。

刘英基等:《数字经济赋能文旅融合高质量发展——机理、渠道与经验证据》,《旅游学刊》2023年第5期。

黄蕊、徐倩:《产业发展的效率锁定与效率变革——基于"文化+旅游"产业融合视域》,《江汉论坛》2020年第8期。

王硕:《红色资源助推乡村振兴的实践路径研究——以常山庄片区为例》,《农村经济与科技》2022年第12期。

陈彩雁、陈红玲、董法尧:《基于熵权TOPSIS法的西南民族地区文旅融合发展水平及障碍因子分析》,《湖北农业科学》2022年第17期。

邓爱民、韦银艳、粟红蕾:《中国文旅产业:疫情影响与全面振兴——中南财经政法大学博士生导师邓爱民教授访谈》,《社会科学家》2020年第4期。

分区数据报告篇 ⟩

B.5
2023年中国重点城市文化和旅游
产业发展大数据报告

李 玲　康菘园　黄梦琳*

摘　要： 本报告评估并解析文化和旅游产业发展总指数较高的关键城市，具体包括北京市、上海市、深圳市、重庆市、广州市、成都市、郑州市、杭州市、武汉市及西安市。这些城市在文化和旅游产业发展中取得了显著成就，同时各自彰显了优势特征。具体而言，北京市在各项评估指标中均占据领先地位，3个一级指标均居前列；上海市同样在3个一级指标上表现出色，整体实力强劲，文化和旅游产业发展弹性指数位于全国中等水平；深圳市在文化产业指数、旅游环境

---

* 李玲，文化和旅游部技术创新中心专家委员会副主任、中国联通集团政企BG文旅体育服务部总经理，主要研究方向为文旅大数据；康菘园，旅游管理学硕士，北京第二外国语学院中国文化和旅游大数据研究院研究员，主要研究方向为旅游大数据；黄梦琳，硕士研究生在读，北京第二外国语学院中国文化和旅游大数据研究院研究员，主要研究方向为旅游大数据。

指数及城市发展指数方面展现出卓越的全国影响力，体现了其文化和旅游产业各领域发展的均衡性；重庆市则在文化资源、文化发展潜能、旅游流量及文旅发展潜力等方面表现突出；广州市在文化产业、文化运营资源、城市旅游产业发展、旅游消费及文旅融合产业等多个维度取得了优异成绩；成都市的文化资源指数、文化发展潜力指数、城市旅游产业发展指数、旅游发展潜力指数及文旅资源融合指数均表现卓越；郑州市在文化产业指数和信息融合指数上表现尤为亮眼；杭州市则在文化资源及文旅融合产业方面具有显著优势；武汉市在城市旅游产业发展及文旅融合产业方面的优势尤为明显；西安市则在文旅资源融合上展现出显著优势。

关键词： 文化产业 旅游产业 文旅融合

一 北京市

北京市的文化和旅游产业发展总指数为 0.8218。作为我国首都，北京集直辖市、国家中心城市与超大城市等身份于一体，同时扮演全国政治中心、文化中心、国际交流枢纽及科技创新高地的重要角色。在文化和旅游产业的蓬勃发展中，北京市始终居全国前列，其丰富经验为其他城市在文旅领域的进步提供了有益的参考与启示。

（一）文化产业发展特征

北京市文化产业发展综合指数达 0.9529。文化产业发展综合指数涵盖文化传播指数、文化资源指数、文化产业指数及文化发展潜力指数 4 个二级指标。北京市在上述指标中均独占鳌头，具体而言，文化传播指数达 0.9422，文化资源指数达 0.9694，文化产业指数更是达到了 1.0000，文化发展潜力指数也达到了 0.9215，各项指标成绩均显著超越国内其他城市。综上所述，北京市的文化产业发展水平在我国处于显著领先的地位（见表 1）。

表 1 2023 年北京市文化产业发展综合指数一级、二级指标值

文化产业发展综合指数			
0.9529			
文化传播指数	文化资源指数	文化产业指数	文化发展潜力指数
0.9422	0.9694	1.0000	0.9215

文化传播指数由国内文化影响力指数与国外文化影响力指数 2 个三级指标构成。北京市在两个维度的表现均遥遥领先全国其他城市，这充分表明北京市在文化宣传与推广方面成效显著，传播渠道多元且具备强大的国内外影响力。文化资源指数细分为文化遗产资源指数与文化运营资源指数 2 个三级指标。北京市文化遗产资源指数达 1.0000，文化运营资源指数也达到了 0.9276，均显著优于其他城市。文化产业指数通过经济效益指数衡量，北京市在该指标上的表现同样居全国之首。文化发展潜力指数涵盖人才供给指数与文化发展环境指数 2 个三级指标。其中，北京市的人才供给指数为 0.9137，文化发展环境指数为 1.0000，也明显优于其他城市（见表 2）。

表 2 2023 年北京市文化产业发展综合指数三级指标情况

二级指标	三级指标	指数
文化传播指数	国内文化影响力指数	0.7875
	国外文化影响力指数	1.0000
文化资源指数	文化遗产资源指数	1.0000
	文化运营资源指数	0.9276
文化产业指数	经济效益指数	1.0000
文化发展潜力指数	人才供给指数	0.9137
	文化发展环境指数	1.0000

（二）旅游产业发展特征

从旅游产业发展综合指数的评估结果来看，北京市指数达
0.5620，居全国榜首。旅游产业发展综合指数包含城市旅游形象指
数、城市旅游产业发展指数、旅游资源环境指数以及旅游发展潜力指
数 4 个二级指标。具体而言，北京市城市旅游形象指数达 0.8723，
居全国首位。在城市旅游产业发展方面，北京市的指数为 0.6706，
仅次于上海市，显示出在全国范围内的显著优势。此外，北京市在旅
游资源环境方面也表现突出，指数为 0.1422，同样位于全国前列。
最后，在旅游发展潜力方面，北京市的指数为 0.2436（见表 3）。

表 3　2023 年北京市旅游产业发展综合指数一级、二级指标值

旅游产业发展综合指数			
0.5620			
城市旅游形象指数	城市旅游产业发展指数	旅游资源环境指数	旅游发展潜力指数
0.8723	0.6706	0.1422	0.2436

城市旅游形象指数由旅游舆情指数与旅游影响力指数构成。其
中，北京旅游舆情指数为 0.6202，紧随上海市和苏州市之后；而旅
游影响力指数则以 0.8938 稳居全国之首。城市旅游产业发展指数涵
盖了旅游消费指数、旅游流量指数及产业地位指数。具体而言，北京
旅游消费指数为 0.7400，位列全国第二，仅次于上海市；旅游流量
指数为 0.8857，高居全国榜首；然而，产业地位指数为 0.0997，相
对较低。旅游资源环境指数由旅游资源指数与旅游环境指数组成，北
京市的旅游资源指数（0.1258）与旅游环境指数（0.1031）均处于
全国前列，这充分表明北京市在发展旅游业方面拥有良好的城市环境
和成熟的环境条件。至于旅游发展潜力指数，它由政府管理指数、城
市发展指数及市场指数构成。其中，北京市政府管理指数为 0.1681；

城市发展指数为 0.3444，仅次于深圳市；市场指数为 0.6783，紧随上海市和重庆市之后（见表 4）。

表 4　2023 年北京市旅游产业发展综合指数三级指标情况

二级指标	三级指标	指数
城市旅游形象指数	旅游舆情指数	0.6202
	旅游影响力指数	0.8938
城市旅游产业发展指数	旅游消费指数	0.7400
	旅游流量指数	0.8857
	产业地位指数	0.0997
旅游资源环境指数	旅游资源指数	0.1258
	旅游环境指数	0.1031
旅游发展潜力指数	政府管理指数	0.1681
	城市发展指数	0.3444
	市场指数	0.6783

（三）文旅融合产业发展特征

北京市文旅融合产业发展综合指数为 0.7961，居全国之首。具体来看，北京市文旅资源融合指数为 0.6577，文旅融合产业指数高达 0.9169，文旅信息融合指数为 0.5676，文旅融合影响力指数和时代融合指数分别达到了 0.9265 和 0.5551。此外，北京市文旅产业发展弹性指数为 0.2040，处于全国中上游区间。总体而言，北京市在文旅融合领域实现了领先（见表 5）。

表 5　2023 年北京市文旅融合产业发展综合指数一级、二级指标值

文旅融合产业发展综合指数					
0.7961					
文旅资源融合指数	文旅融合产业指数	文旅信息融合指数	文旅融合影响力指数	时代融合指数	文旅产业发展弹性指数
0.6577	0.9169	0.5676	0.9265	0.5551	0.2040

综合评估文旅资源融合指数,北京市文旅内容融合指数与文旅业态融合指数分别为0.7243和0.5774。文旅融合产业指数方面,北京市文旅消费指数为0.7730,位列全国第二;文旅发展潜力指数为0.6338,充分展示了北京市文旅融合产业的显著优势。文旅信息融合指数方面,北京市的数字化管理指数及数字化评价指数均处于国内领先水平。文旅融合影响力指数方面,北京市国内影响力指数为0.6375、国外影响力指数为1.0000,无论是在国内还是国外均展现出了强大的影响力。聚焦时代融合指数,北京市乡村文旅指数排名全国第三,红色文旅指数则居全国之首。然而,在文旅产业发展弹性指数上,北京市的表现略显不足,具体表现为文化产业发展弹性指数明显大于旅游产业发展弹性指数,这在一定程度上反映了北京市旅游产业相较于文化产业具有更高的稳定性(见表6)。

表6 2023年北京市文旅融合产业发展综合指数三级指标情况

二级指标	三级指标	指数
文旅资源融合指数	文旅内容融合指数	0.7243
	文旅业态融合指数	0.5774
文旅融合产业指数	文旅消费指数	0.7730
	文旅发展潜力指数	0.6338
文旅信息融合指数	数字化管理指数	0.7358
	数字化评价指数	0.2089
文旅融合影响力指数	国内影响力指数	0.6375
	国外影响力指数	1.0000
时代融合指数	乡村文旅指数	0.2895
	红色文旅指数	0.9149
文旅产业发展弹性指数	文化产业发展弹性指数	0.3049
	旅游产业发展弹性指数	0.1548

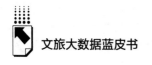

二 上海市

上海市的文化和旅游产业发展总指数达到 0.4551，居全国前列。作为我国的科技创新中心、工业重镇、金融中心、贸易枢纽、会展名城以及航运要地，上海市不仅是首批沿海对外开放城市，更是长江经济带中的领军城市。上海市文化和旅游产业在推动全国文化和旅游产业发展方面发挥重要的支撑与引领作用。同时，上海市在文化产业、旅游产业以及文旅融合产业方面均具有卓越的领先地位，对全国相关产业的发展具有显著的示范效应。

（一）文化产业发展特征

上海市的文化产业发展综合指数达到 0.5077，仅次于北京市，居全国前列。具体而言，上海市的文化传播指数为 0.6511，文化资源指数为 0.3237，文化产业指数为 0.5654，文化发展潜力指数为 0.2545（见表 7）。整体来看，上海市的文化产业表现出色，但仍具备较大的发展潜力，有待进一步挖掘。

表 7　2023 年上海市文化产业发展综合指数一级、二级指标值

文化产业发展综合指数			
0.5077			
文化传播指数	文化资源指数	文化产业指数	文化发展潜力指数
0.6511	0.3237	0.5654	0.2545

在文化传播指数维度，上海市在国内及国外文化领域均具有强大的影响力。具体而言，上海国内文化影响力指数为 0.2393，国外文化影响力指数高达 0.8049。就文化资源指数而言，尽管上海市的文化遗产资源指数相对较低，文化遗产资源的丰富程度有待提升，但文

化运营资源方面的优势显著，仅次于北京市。文化产业指数方面，上海市文化产业的经济效益表现突出，指数为 0.5654。至于文化发展潜力指数，上海市人才供给指数为 0.2378，文化发展环境指数为0.4229，充分展示了在文化发展方面的卓越表现（见表8）。

表8 2023年上海市文化产业发展综合指数三级指标情况

二级指标	三级指标	指数
文化传播指数	国内文化影响力指数	0.2393
	国外文化影响力指数	0.8049
文化资源指数	文化遗产资源指数	0.1256
	文化运营资源指数	0.5940
文化产业指数	经济效益指数	0.5654
文化发展潜力指数	人才供给指数	0.2378
	文化发展环境指数	0.4229

（二）旅游产业发展特征

上海市的旅游产业发展综合指数达到 0.2991，在全国范围内仅次于北京市和深圳市。具体而言，上海市城市旅游形象指数为0.2274，城市旅游产业发展指数为 0.7283；旅游资源环境指数为0.1569，旅游发展潜力指数为 0.2397（见表9）。综上所述，上海市在旅游产业发展方面表现出色，尤其是在城市旅游产业发展方面占据领先地位。

表9 2023年上海市旅游产业发展综合指数一级、二级指标值

旅游产业发展综合指数			
0.2991			
城市旅游形象指数	城市旅游产业发展指数	旅游资源环境指数	旅游发展潜力指数
0.2274	0.7283	0.1569	0.2397

在城市旅游形象指数方面，上海市的旅游舆情指数表现尤为突出，为0.7621，而旅游影响力指数为0.1818。就城市旅游产业发展指数而言，上海市旅游消费指数高达0.9067，稳居全国第一；旅游流量指数为0.8386。然而，上海市的产业地位指数相对较低，仅为0.0648。在旅游资源环境指数方面，上海市的旅游环境指数为0.1859，旅游资源指数为0.0669，尚存较大提升空间。至于旅游发展潜力指数，上海市在政府管理、城市发展和市场三个方面均表现出色：政府管理指数为0.1648，城市发展指数为0.3216，市场指数为0.7666（见表10）。

表10　2023年上海市旅游产业发展综合指数三级指标情况

二级指标	三级指标	指数
城市旅游形象指数	旅游舆情指数	0.7621
	旅游影响力指数	0.1818
城市旅游产业发展指数	旅游消费指数	0.9067
	旅游流量指数	0.8386
	产业地位指数	0.0648
旅游资源环境指数	旅游资源指数	0.0669
	旅游环境指数	0.1859
旅游发展潜力指数	政府管理指数	0.1648
	城市发展指数	0.3216
	市场指数	0.7666

（三）文旅融合产业发展特征

上海市文旅融合产业发展综合指数达到0.5305，位列全国第二。细分来看，上海市文旅资源融合指数为0.5490，同样仅次于北京市；文旅融合产业指数为0.6709，也仅低于北京市；文旅信息融合指数为0.3084；文旅融合影响力指数为0.5266；时代融合指数为0.3599。此外，文旅产业发展弹性指数为0.1960，表明上海市文旅产业具有较为稳定的发展态势（见表11）。

表11　2023年上海市文旅融合产业发展综合指数一级、二级指标值

文旅融合产业发展综合指数					
0.5305					
文旅资源融合指数	文旅融合产业指数	文旅信息融合指数	文旅融合影响力指数	时代融合指数	文旅产业发展弹性指数
0.5490	0.6709	0.3084	0.5266	0.3599	0.1960

在文旅资源融合指数中，上海市文旅内容融合指数为0.5582，文旅业态融合指数为0.5380。在文旅融合产业指数方面，上海市文旅消费指数为0.8013，稳居全国首位，充分展现了作为全国经济中心的显著优势；同时，文旅发展潜力指数为0.5956。就文旅信息融合指数而言，上海市数字化管理指数为0.2065，数字化评价指数为0.5256。在文旅融合影响力指数方面，上海市国内影响力指数相对较低，为0.0789，但国外影响力保持稳定，指数为0.6405，仅次于北京市。在时代融合指数层面，上海市乡村文旅指数为0.2166，红色文旅指数则位列全国第二，展现出显著的资源优势。至于文旅产业发展弹性指数，上海市文化产业发展弹性指数和旅游产业发展弹性指数均较低，这表明上海市的文旅产业已发展到一个相对稳定的阶段（见表12）。

表12　2023年上海市文旅融合产业发展综合指数三级指标情况

二级指标	三级指标	指数
文旅资源融合指数	文旅内容融合指数	0.5582
	文旅业态融合指数	0.5380
文旅融合产业指数	文旅消费指数	0.8013
	文旅发展潜力指数	0.5956
文旅信息融合指数	数字化管理指数	0.2065
	数字化评价指数	0.5256
文旅融合影响力指数	国内影响力指数	0.0789
	国外影响力指数	0.6405

续表

二级指标	三级指标	指数
时代融合指数	乡村文旅指数	0.2166
	红色文旅指数	0.5542
文旅产业发展弹性指数	文化产业发展弹性指数	0.2161
	旅游产业发展弹性指数	0.1862

三 深圳市

深圳市文化和旅游产业发展总指数达到 0.2842，位列北京市和上海市之后，居全国第三位。作为我国的经济特区及国际化大都市，深圳市正致力于打造全球海洋中心城市，这一战略定位为深圳市文化和旅游产业提供了高水平的平台和重要机遇。

（一）文化产业发展特征

深圳市的文化产业发展综合指数达 0.2962，紧随北京市和上海市之后，在全国占据领先地位。具体而言，深圳市文化传播指数为 0.1082，文化资源指数为 0.1986，文化产业指数高达 0.9846，仅次于北京市；而文化发展潜力指数为 0.1530（见表 13）。综合来看，深圳市的文化产业发展水平在全国处于前列。

表 13 2023 年深圳市文化产业发展综合指数一级、二级指标值

文化产业发展综合指数			
0.2962			
文化传播指数	文化资源指数	文化产业指数	文化发展潜力指数
0.1082	0.1986	0.9846	0.1530

　　就文化传播指数而言，深圳市国内文化影响力指数为 0.0877，国外文化影响力指数为 0.1159。从文化资源指数的角度分析，深圳市的文化遗产资源指数仅为 0.0140，处于较低水平；然而，文化运营资源指数表现较好，达到 0.4505，仅次于北京市、上海市和广州市，显示出明显的优势。在文化产业指数方面，深圳市的文化产业经济效益尤为显著，经济效益指数为 0.9846，仅次于北京市，充分展现了作为经济中心城市的强大实力。至于文化发展潜力指数，深圳市的人才供给指数为 0.1607；相比之下，文化发展环境指数相对较低，表明深圳市在优化文化产业发展环境方面仍有待发力（见表 14）。

表 14　2023 年深圳市文化产业发展综合指数三级指标情况

二级指标	三级指标	指数
文化传播指数	国内文化影响力指数	0.0877
	国外文化影响力指数	0.1159
文化资源指数	文化遗产资源指数	0.0140
	文化运营资源指数	0.4505
文化产业指数	经济效益指数	0.9846
文化发展潜力指数	人才供给指数	0.1607
	文化发展环境指数	0.0756

（二）旅游产业发展特征

　　深圳市的旅游产业发展综合指数达到了 0.3175，仅次于北京市。具体而言，深圳市城市旅游形象指数为 0.3067，在全国处于领先地位；城市旅游产业发展指数为 0.2045；旅游资源环境指数为 0.7225，稳居全国首位；而旅游发展潜力指数为 0.3098，展现出强劲的发展潜力（见表 15）。

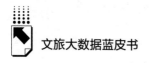

表 15　2023 年深圳市旅游产业发展综合指数一级、二级指标值

旅游产业发展综合指数			
0.3175			
城市旅游形象指数	城市旅游产业发展指数	旅游资源环境指数	旅游发展潜力指数
0.3067	0.2045	0.7225	0.3098

　　就城市旅游形象指数而言，深圳市的旅游舆情指数为 0.3092，旅游影响力指数为 0.3065，居全国前列。在城市旅游产业发展指数方面，深圳市的旅游消费指数为 0.1939。同时，旅游流量指数为 0.2997，亦有相对亮眼的表现。然而，产业地位指数为 0.0593，相对较低。在旅游资源环境指数方面，深圳市的旅游资源指数为 0.2574，表现突出；更为值得一提的是，旅游环境指数高达 0.9726，稳居全国首位，充分说明深圳市的旅游产业发展环境极为优越。至于旅游发展潜力指数，深圳市政府管理指数为 0.1155，存在进一步提升的空间；而城市发展指数为 0.7385，稳居全国第一位，展现出巨大的发展潜力；市场指数为 0.5337，同样表现出色（见表 16）。

表 16　2023 年深圳市旅游产业发展综合指数三级指标情况

二级指标	三级指标	指数
城市旅游形象指数	旅游舆情指数	0.3092
	旅游影响力指数	0.3065
城市旅游产业发展指数	旅游消费指数	0.1939
	旅游流量指数	0.2997
	产业地位指数	0.0593
旅游资源环境指数	旅游资源指数	0.2574
	旅游环境指数	0.9726
旅游发展潜力指数	政府管理指数	0.1155
	城市发展指数	0.7385
	市场指数	0.5337

（三）文旅融合产业发展特征

深圳市的文旅融合产业发展综合指数达到 0.1879。具体而言，深圳市文旅资源融合指数为 0.1539，处于全国上游；文旅融合产业指数为 0.2829；文旅信息融合指数为 0.2869；文旅融合影响力指数为 0.0726。然而，时代融合指数为 0.0608，有较大的提升空间。此外，文旅产业发展弹性指数为 0.2399，相对较低，这表明深圳市的文旅融合产业发展波动较小，呈现较为稳定的发展态势（见表 17）。

表 17　2023 年深圳市文旅融合产业发展综合指数一级、二级指标值

文旅融合产业发展综合指数					
0.1879					
文旅资源融合指数	文旅融合产业指数	文旅信息融合指数	文旅融合影响力指数	时代融合指数	文旅产业发展弹性指数
0.1539	0.2829	0.2869	0.0726	0.0608	0.2399

就文旅资源融合指数而言，深圳市的文旅内容融合指数达到 0.1809，具有较为优秀的表现；文旅业态融合指数为 0.1212，仍有较大的提升空间。在文旅融合产业指数方面，深圳市的文旅消费指数高达 0.5905，优势显著，充分彰显了其作为东南地区经济中心的强大实力；而文旅发展潜力指数仅为 0.0698。在文旅信息融合指数层面，深圳市的数字化管理指数为 0.3930，表现较为突出；数字化评价指数为 0.0606，处于中等水平，具备较大的发展潜力。就文旅融合影响力而言，深圳市的国内影响力指数为 0.0522，表现良好；国外影响力指数则为 0.0778，仅次于北京市、上海市和武汉市。在时代融合指数方面，由于深圳市乡村和红色文旅资源相对不足，相关指数表现相对较差。此外，在文旅产业发展弹性方面，深圳市的文化产

业发展弹性指数和旅游产业发展弹性指数均较低，其中文化产业发展弹性指数为0.4316，旅游产业发展弹性指数为0.1465，彰显产业发展的稳定性（见表18）。

表18　2023年深圳市文旅融合产业发展综合指数三级指标情况

二级指标	三级指标	指数
文旅资源融合指数	文旅内容融合指数	0.1809
	文旅业态融合指数	0.1212
文旅融合产业指数	文旅消费指数	0.5905
	文旅发展潜力指数	0.0698
文旅信息融合指数	数字化管理指数	0.3930
	数字化评价指数	0.0606
文旅融合影响力指数	国内影响力指数	0.0522
	国外影响力指数	0.0778
时代融合指数	乡村文旅指数	0.0508
	红色文旅指数	0.0745
文旅产业发展弹性指数	文化产业发展弹性指数	0.4316
	旅游产业发展弹性指数	0.1465

四　重庆市

重庆市文化和旅游产业发展总指数为0.2706，彰显了作为中国四大直辖市之一的强劲发展态势。在文化、旅游以及文旅融合领域，重庆市均展现出蓬勃的发展活力，特别是文旅融合的高速推进，为城市的整体发展注入了新的动力。

（一）文化产业发展特征

重庆市的文化产业发展综合指数达0.2764。具体来看，重庆市文化传播指数为0.0711，文化资源指数为0.3153，仅次于北京市、杭州市和上海市，展现出较强的实力；文化产业指数为0.5655，仅次于北京市、深圳市、郑州市和广州市；文化发展潜力指数为0.4499，位居全国第三，表明重庆市的文化产业具有较大的发展潜力（见表19）。

表19　2023年重庆市文化产业发展综合指数一级、二级指标值

文化产业发展综合指数			
0.2764			
文化传播指数	文化资源指数	文化产业指数	文化发展潜力指数
0.0711	0.3153	0.5655	0.4499

对文化传播指数进行深入剖析，重庆市的国内文化影响力指数为0.1018，国外文化影响力指数为0.0597。从文化资源指数的角度来看，重庆市的文化遗产资源指数为0.2666，文化运营资源指数为0.3819。就文化产业指数而言，重庆市的文化产业经济效益表现突出，相应指数仅次于北京市、深圳市、郑州市、广州市。进一步分析文化发展潜力指数，重庆市的人才供给指数为0.4866，文化发展环境指数为0.0785，展现良好的发展潜力（见表20）。

表20　2023年重庆市文化产业发展综合指数三级指标情况

二级指标	三级指标	指数
文化传播指数	国内文化影响力指数	0.1018
	国外文化影响力指数	0.0597
文化资源指数	文化遗产资源指数	0.2666
	文化运营资源指数	0.3819
文化产业指数	经济效益指数	0.5655
文化发展潜力指数	人才供给指数	0.4866
	文化发展环境指数	0.0785

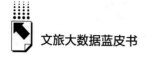

（二）旅游产业发展特征

重庆市旅游产业发展综合指数为 0.2638，仅次于北京市、深圳市和上海市。具体来看，重庆市城市旅游形象指数为 0.2774，紧随北京市、泰安市和深圳市之后，而城市旅游产业发展指数为 0.4413，仅次于上海市和北京市。至于旅游资源环境指数，重庆市为 0.1078。在旅游发展潜力指数方面，重庆市为 0.1800，表明其旅游产业仍具备一定的增长潜力和提升空间（见表 21）。

表 21　2023 年重庆市旅游产业发展综合指数一级、二级指标值

旅游产业发展综合指数			
0.2638			
城市旅游 形象指数	城市旅游产业 发展指数	旅游资源 环境指数	旅游发展 潜力指数
0.2774	0.4413	0.1078	0.1800

就城市旅游形象指数而言，重庆市的旅游舆情指数为 0.1926，处于全国领先地位；旅游影响力指数为 0.2846，紧随北京市、泰安市和深圳市之后。在城市旅游产业发展指数方面，重庆市的旅游消费指数为 0.3936，旅游流量指数为 0.6779，仅次于北京市和上海市；产业地位指数为 0.1358，在全国处于中上水平。在旅游资源环境方面，重庆市的旅游资源指数为 0.1307，旅游环境指数则处于中等水平，有待提升。旅游发展潜力指数方面，重庆市政府管理指数为 0.1622，相对较低，表明重庆市需要进一步强化政府管理；城市发展指数为 0.1255，表现优异；市场指数为 0.6978，仅次于上海市，具有十分突出的市场表现（见表 22）。

表22　2023年重庆市旅游产业发展综合指数三级指标情况

二级指标	三级指标	指数
城市旅游形象指数	旅游舆情指数	0.1926
	旅游影响力指数	0.2846
城市旅游产业发展指数	旅游消费指数	0.3936
	旅游流量指数	0.6779
	产业地位指数	0.1358
旅游资源环境指数	旅游资源指数	0.1307
	旅游环境指数	0.0249
旅游发展潜力指数	政府管理指数	0.1622
	城市发展指数	0.1255
	市场指数	0.6978

（三）文旅融合产业发展特征

重庆市的文旅融合产业发展综合指数达到 0.2621，紧随北京市和上海市之后。具体而言，重庆市文旅资源融合指数为 0.3060；文旅融合产业指数为 0.3071，仅次于北京市、上海市、杭州市和广州市；文旅信息融合指数为 0.1385，虽处于全国上游，但仍有提升空间；文旅融合影响力指数为 0.0917；时代融合指数为 0.3921，仅次于北京市，表现出较强的时代融合能力。至于文旅产业发展弹性指数，重庆市为 0.3274，处于中等水平（见表23）。

表23　2023年重庆市文旅融合产业发展综合指数一级、二级指标值

文旅融合产业发展综合指数					
0.2621					
文旅资源融合指数	文旅融合产业指数	文旅信息融合指数	文旅融合影响力指数	时代融合指数	文旅产业发展弹性指数
0.3060	0.3071	0.1385	0.0917	0.3921	0.3274

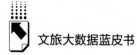

　　文旅资源融合指数方面，重庆市的文旅内容融合指数为0.1550，表现出色；文旅业态融合指数为0.4882，同样表现优异。从文旅融合产业指数来看，重庆市的文旅消费指数为0.3730，文旅发展潜力指数为0.2690，仅次于北京市、上海市和杭州市，表现卓越。在文旅信息融合指数方面，重庆市的文旅数字化水平整体领先，数字化管理指数为0.0666，处于全国上游；数字化评价指数为0.2918。就文旅融合影响力指数而言，重庆市的国内影响力指数为0.3099，仅次于三亚市、北京市、武汉市和哈尔滨市；国外影响力指数为0.0362，跻身全国前列。在时代融合指数方面，重庆市的红色文旅指数为0.3034，仅次于北京市、上海市和巴中市，表现优异；而乡村文旅指数为0.4576，居全国之首。至于文旅产业发展弹性指数，重庆市的文化产业发展弹性和旅游产业发展弹性均处于全国中上游水平（见表24）。

表24　2023年重庆市文旅融合产业发展综合指数三级指标情况

二级指标	三级指标	指数
文旅资源融合指数	文旅内容融合指数	0.1550
	文旅业态融合指数	0.4882
文旅融合产业指数	文旅消费指数	0.3730
	文旅发展潜力指数	0.2690
文旅信息融合指数	数字化管理指数	0.0666
	数字化评价指数	0.2918
文旅融合影响力指数	国内影响力指数	0.3099
	国外影响力指数	0.0362
时代融合指数	乡村文旅指数	0.4576
	红色文旅指数	0.3034
文旅产业发展弹性指数	文化产业发展弹性指数	0.3274
	旅游产业发展弹性指数	0.1381

五　广州市

广州市的文化和旅游产业发展总指数为 0.2317，彰显了作为国家中心城市在文化和旅游领域所具有的稳健且快速的成长态势。

（一）文化产业发展特征

广州市的文化产业发展综合指数达到 0.2510，展现卓越的发展成就。具体而言，广州市文化产业指数为 0.7095，凸显竞争优势；同时，文化发展潜力指数为 0.1932，显示良好的成长潜力。文化资源方面，广州市文化资源指数为 0.2285，表现出色。此外，广州市文化传播指数为 0.0964，展现较为突出的传播效能（见表25）。

表 25　2023 年广州市文化产业发展综合指数一级、二级指标值

文化产业发展综合指数			
0.2510			
文化传播指数	文化资源指数	文化产业指数	文化发展潜力指数
0.0964	0.2285	0.7095	0.1932

就文化传播指数而言，广州在国内及国外文化影响力方面均占据领先地位，展现显著的国内外文化交流优势。具体而言，广州市国内文化影响力指数达 0.0512，国外文化影响力指数则为 0.1133，位居全国第四。在文化资源方面，广州市的文化运营资源指数表现尤为突出，指数为 0.4604，居全国第三位，而文化遗产资源指数相对薄弱，但仍处于全国中上游水平，指数为 0.0586。经济效益方面，广州市文化产业展现出显著优势，经济效益指数高达 0.7095，仅次于北京市、深圳市和郑州市。至于文化发展潜力指数，广州市在人才供给方

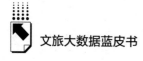

面表现优异，指数为 0.2035；文化发展环境指数为 0.0890，同样表现出色（见表26）。

表26 2023年广州市文化产业发展综合指数三级指标情况

二级指标	三级指标	指数
文化传播指数	国内文化影响力指数	0.0512
	国外文化影响力指数	0.1133
文化资源指数	文化遗产资源指数	0.0586
	文化运营资源指数	0.4604
文化产业指数	经济效益指数	0.7095
文化发展潜力指数	人才供给指数	0.2035
	文化发展环境指数	0.0890

（二）旅游产业发展特征

广州市的旅游产业发展综合指数达到 0.2118，在全国范围内紧随北京市、深圳市、上海市、重庆市及泰安市之后。具体而言，广州市的城市旅游形象指数为 0.1999，展现出较高的形象塑造能力。城市旅游产业发展指数方面，广州市为 0.2899，紧随上海市、北京市和重庆市之后，表现尤为突出。在旅游资源环境指数方面，广州市为 0.1518，彰显良好的资源环境条件。此外，广州市的旅游发展潜力指数为 0.2171，进一步表明广州市旅游产业具备较大的未来发展潜力（见表27）。

表27 2023年广州市旅游产业发展综合指数一级、二级指标值

旅游产业发展综合指数			
0.2118			
城市旅游形象指数	城市旅游产业发展指数	旅游资源环境指数	旅游发展潜力指数
0.1999	0.2899	0.1518	0.2171

在城市旅游形象指数三级指标方面，广州市的旅游舆情指数为0.3342，旅游影响力指数为0.1884，紧随北京市、泰安市、深圳市和重庆市之后，处于全国领先位置。在城市旅游产业发展指数方面，广州市的旅游消费指数和旅游流量指数均表现突出：旅游消费指数达到0.3049，仅次于上海市、北京市和重庆市；旅游流量指数则为0.4032，紧随北京市、上海市、重庆市和成都市之后，同样位居前列。然而，广州市的产业地位指数仅为0.0454。就旅游资源环境指数而言，广州市的旅游资源指数达到0.1175，处于全国上游水平；旅游环境指数则为0.1567，显示出广州市在旅游环境建设方面的完善性。至于旅游发展潜力指数，广州市的政府管理指数为0.1729，表现优异；城市发展指数则为0.2561，紧随深圳市、北京市和上海市之后，表现尤为突出；市场指数为0.5781，表现出色（见表28）。

表28　2023年广州市旅游产业发展综合指数三级指标情况

二级指标	三级指标	指数
城市旅游形象指数	旅游舆情指数	0.3342
	旅游影响力指数	0.1884
城市旅游产业发展指数	旅游消费指数	0.3049
	旅游流量指数	0.4032
	产业地位指数	0.0454
旅游资源环境指数	旅游资源指数	0.1175
	旅游环境指数	0.1567
旅游发展潜力指数	政府管理指数	0.1729
	城市发展指数	0.2561
	市场指数	0.5781

（三）文旅融合产业发展特征

广州市文旅融合产业发展综合指数达到0.1975。具体来看，广州市文旅资源融合指数为 0.1825，位于全国前列，展现较高的融合水平；文旅融合产业指数为 0.3111，紧随北京市、上海市和杭州市之后，表现尤为突出。文旅信息融合指数为 0.1352，处于全国上游水平，仍具备一定的提升空间。在文旅融合影响力指数上，广州市为 0.0635，具有较为优秀的表现。时代融合指数方面，广州市为 0.1694，同样表现出色。此外，广州市文旅产业发展弹性指数为 0.2297，处于全国中上游水平（见表 29）。

表 29　2023 年广州市文旅融合产业发展综合指数一级、二级指标值

文旅融合产业发展综合指数					
0.1975					
文旅资源 融合指数	文旅融合 产业指数	文旅信息 融合指数	文旅融合 影响力指数	时代融合 指数	文旅产业 发展弹性指数
0.1825	0.3111	0.1352	0.0635	0.1694	0.2297

就文旅资源融合指数而言，广州市的文旅内容融合指数为 0.1590，展现出较高的融合质量；文旅业态融合指数为 0.2109，同样处于领先地位。在文旅融合产业指数方面，广州市的文旅消费指数高达 0.4952，仅次于上海市、北京市、郑州市和深圳市，表现卓越；文旅发展潜力指数为 0.2047，同样表现出色。就文旅信息融合指数而言，广州市的数字化管理指数为 0.1347，处于全国上游水平；数字化评价指数则为 0.1363，同样表现优异。在文旅融合影响力方面，广州市的国内影响力指数为 0.0591，在全国范围内相对靠前；国外影响力指数则为 0.0647。在时代融合指数层面，广州市的乡村文旅指数为 0.1571，红色文旅指数为 0.1861。至于文旅产业发展弹性指数三级指标，广州市的旅游产业发展弹性指数相对较低，这反映出广州市旅游产业已处于较为稳定的发展状态；文化产业发展弹性指数则为 0.4195（见表 30）。

表 30　2023 年广州市文旅融合产业发展综合指数三级指标情况

二级指标	三级指标	指数
文旅资源融合指数	文旅内容融合指数	0.1590
	文旅业态融合指数	0.2109
文旅融合产业指数	文旅消费指数	0.4952
	文旅发展潜力指数	0.2047
文旅信息融合指数	数字化管理指数	0.1347
	数字化评价指数	0.1363
文旅融合影响力指数	国内影响力指数	0.0591
	国外影响力指数	0.0647
时代融合指数	乡村文旅指数	0.1571
	红色文旅指数	0.1861
文旅产业发展弹性指数	文化产业发展弹性指数	0.4195
	旅游产业发展弹性指数	0.1373

六　成都市

成都市的文化和旅游产业发展总指数达到 0.2248，居全国前列。作为中国西部地区的重要中心城市，成都由于独特的地域文化、深厚的历史底蕴以及丰富的旅游资源，具备显著的竞争优势。依托天府之国的资源禀赋和传统文化，成都逐渐发展成为西部地区文化和旅游产业的标杆城市。同时，作为四川省的省会，成都凭借快速增长的经济实力和多元化的产业布局，为文旅产业的发展提供了坚实的基础，具有不可忽视的影响力和发展潜力。

（一）文化产业发展特征

成都市文化产业发展综合指数为 0.2675。总体来看，成都在发展文化产业上具有明显的优势，并保持了较为稳定的发展态势。其中，文化传播指数为 0.0975；文化资源指数表现十分优异，指数为

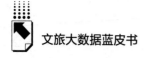

0.2514。成都市的文化产业指数表现也十分优异，指数为0.4524；文化发展潜力指数则为0.4968（见表31）。

表31　2023年成都市文化产业发展综合指数一级、二级指标值

文化产业发展综合指数			
0.2675			
文化传播指数	文化资源指数	文化产业指数	文化发展潜力指数
0.0975	0.2514	0.4524	0.4968

在文化传播指数层面，成都的国内文化影响力指数为0.1139，国外文化影响力指数为0.0913。在文化资源指数方面，成都的文化遗产资源指数达到0.2055，居全国前列；文化运营资源指数则为0.3139，表现十分突出。在文化产业的经济效益方面，成都市居前列，对应的指数为0.4524。成都市在文化产业的人才供给方面有突出优势，仅次于北京市，指数为0.5447；文化发展环境指数则为0.0122，还有待提高（见表32）。

表32　2023年成都市文化产业发展综合指数三级指标情况

二级指标	三级指标	指数
文化传播指数	国内文化影响力指数	0.1139
	国外文化影响力指数	0.0913
文化资源指数	文化遗产资源指数	0.2055
	文化运营资源指数	0.3139
文化产业指数	经济效益指数	0.4524
文化发展潜力指数	人才供给指数	0.5447
	文化发展环境指数	0.0122

（二）旅游产业发展特征

成都市旅游产业发展综合指数为0.1446。其中，城市旅游形象指

数为 0.1505，表现良好；城市旅游产业发展指数为 0.2495，同样表现优异。然而，成都市旅游资源环境指数相对较低，仅为 0.0870。此外，成都市旅游发展潜力指数为 0.1046，表现优异（见表33）。

表 33　2023 年成都市旅游产业发展综合指数一级、二级指标值

旅游产业发展综合指数			
0.1446			
城市旅游形象指数	城市旅游产业发展指数	旅游资源环境指数	旅游发展潜力指数
0.1505	0.2495	0.0870	0.1046

在城市旅游形象指数层面，成都市的旅游舆情指数为 0.2293，居全国中上游，旅游影响力指数为 0.1438。成都市城市旅游产业发展指数表现突出，尤其是在旅游消费和旅游流量方面。其中，旅游消费指数为 0.0974，旅游流量指数达到 0.5229；产业地位指数为 0.1484，在全国属于中等水平。在旅游资源环境指数三级指标方面，成都的旅游资源指数和旅游环境指数分别为 0.0598 和 0.0881，整体表现较为出色。此外，成都具有较大的旅游发展潜力，政府管理指数为 0.0174，城市发展指数为 0.2357，市场指数为 0.5297（见表34）。

表 34　2023 年成都市旅游产业发展综合指数三级指标情况

二级指标	三级指标	指数
城市旅游形象指数	旅游舆情指数	0.2293
	旅游影响力指数	0.1438
城市旅游产业发展指数	旅游消费指数	0.0974
	旅游流量指数	0.5229
	产业地位指数	0.1484
旅游资源环境指数	旅游资源指数	0.0598
	旅游环境指数	0.0881
旅游发展潜力指数	政府管理指数	0.0174
	城市发展指数	0.2357
	市场指数	0.5297

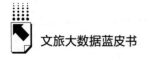

（三）文旅融合产业发展特征

成都市的文旅融合产业发展综合指数为 0.2094。在具体指标上，文旅资源融合指数为 0.4424，文旅融合产业指数为 0.2063，文旅信息融合指数为 0.2340，而文旅融合影响力指数和时代融合指数分别为 0.0617 和 0.1044。此外，在文旅产业发展弹性方面，成都市的指数为 0.1913，表明文旅产业发展较为稳定（见表 35）。

表 35 2023 年成都市文旅融合产业发展综合指数一级、二级指标值

文旅融合产业发展综合指数					
0.2094					
文旅资源融合指数	文旅融合产业指数	文旅信息融合指数	文旅融合影响力指数	时代融合指数	文旅产业发展弹性指数
0.4424	0.2063	0.2340	0.0617	0.1044	0.1913

在文旅资源融合指数方面，成都市的文旅内容融合指数为 0.1602，居全国前列，而文旅业态融合指数高达 0.7829，稳居全国第一位。在文旅融合产业指数中，成都的文旅消费指数为 0.3282，文旅发展潜力指数为 0.1359，具有较大的增长空间。在文旅信息融合指数方面，成都的数字化管理指数达到 0.2946，表现出色，处于全国领先水平；数字化评价指数为 0.1046，处在全国中上游。在文旅融合影响力层面，成都的国内影响力指数和国外影响力指数分别为 0.0725 和 0.0589。在时代融合指数层面，成都的乡村文旅指数为 0.0239，乡村文旅有待深度融合；红色文旅指数为 0.2135，表现优秀。在文化产业发展弹性指数方面，成都市的指数为 0.4417，表明对外部环境的变化具有较强的适应能力。成都的旅游产业发展弹性指数为 0.0693，旅游产业波动性较小（见表 36）。

表 36　2023 年成都市文旅融合产业发展综合指数三级指标情况

二级指标	三级指标	指数
文旅资源融合指数	文旅内容融合指数	0.1602
	文旅业态融合指数	0.7829
文旅融合产业指数	文旅消费指数	0.3282
	文旅发展潜力指数	0.1359
文旅信息融合指数	数字化管理指数	0.2946
	数字化评价指数	0.1046
文旅融合影响力指数	国内影响力指数	0.0725
	国外影响力指数	0.0589
时代融合指数	乡村文旅指数	0.0239
	红色文旅指数	0.2135
文旅产业发展弹性指数	文化产业发展弹性指数	0.4417
	旅游产业发展弹性指数	0.0693

七　郑州市

郑州市的文化和旅游产业发展总指数为 0.1791。作为国家中心城市，郑州以丰富的历史文化遗产和文旅资源为特色，近年来发展迅速，备受关注。

（一）文化产业发展特征

郑州市的文化产业发展综合指数达到 0.2339，其中，文化传播指数为 0.0232，文化资源指数为 0.2395，文化发展潜力指数为 0.1184。此外，郑州市文化产业指数高达 0.8773，在全国范围内表现突出。总体来看，郑州市的文化产业发展水平较高，并具备较大的发展潜力（见表 37）。

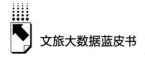

表 37　2023 年郑州市文化产业发展综合指数一级、二级指标值

文化产业发展综合指数			
0.2339			
文化传播指数	文化资源指数	文化产业指数	文化发展潜力指数
0.0232	0.2395	0.8773	0.1184

在文化传播指数方面，郑州市国内外文化影响力相对有限，国内文化影响力指数为 0.0186，而国外文化影响力指数为 0.0355。在文化资源指数方面，郑州市文化遗产资源展现出显著优势，指数为 0.2305；同时，文化运营资源指数为 0.2305，也有较好表现。在文化产业领域，郑州市的经济效益突出，指数达到 0.8773，在全国范围内仅次于北京和深圳。在文化发展潜力方面，郑州人才供给指数为 0.1299，展现出较强实力；文化发展环境指数为 0.0028，具有较大发展空间（见表 38）。

表 38　2023 年郑州市文化产业发展综合指数三级指标情况

二级指标	三级指标	指数
文化传播指数	国内文化影响力指数	0.0186
	国外文化影响力指数	0.0355
文化资源指数	文化遗产资源指数	0.2305
	文化运营资源指数	0.2305
文化产业指数	经济效益指数	0.8773
文化发展潜力指数	人才供给指数	0.1299
	文化发展环境指数	0.0028

（二）旅游产业发展特征

郑州市的旅游产业发展综合指数为 0.0779，整体来看，郑州在全国范围内的竞争优势并不显著。在具体指标中，郑州的城市旅游形象指数为 0.0542，表现较好；城市旅游产业发展指数达到 0.1637，具有较强竞争力；旅游资源环境指数为 0.0841；旅游发展潜力指数为 0.0636，仍有较大的发展空间（见表39）。

表39　2023年郑州市旅游产业发展综合指数一级、二级指标值

旅游产业发展综合指数			
0.0779			
城市旅游形象指数	城市旅游产业发展指数	旅游资源环境指数	旅游发展潜力指数
0.0542	0.1637	0.0841	0.0636

在城市旅游形象方面，郑州市的旅游舆情指数和旅游影响力指数表现良好，但未能形成明显的绝对优势。城市旅游产业发展层面，郑州旅游消费指数为 0.1726，表现突出；旅游流量指数为 0.1961，表现优秀。郑州市的产业地位指数为 0.0820，有较大进步空间。在旅游资源环境指数层面，郑州市旅游资源指数为 0.0558，处于中游水平；此外，郑州的旅游环境指数为 0.0939，表明郑州具有较为优越的旅游环境条件。在旅游发展潜力方面，郑州市政府管理指数为 0.0022，城市发展指数为 0.1265，市场指数为 0.5176（见表40）。

表40　2023年郑州市旅游产业发展综合指数三级指标情况

二级指标	三级指标	指数
城市旅游形象指数	旅游舆情指数	0.1937
	旅游影响力指数	0.0422
城市旅游产业发展指数	旅游消费指数	0.1726
	旅游流量指数	0.1961
	产业地位指数	0.0820
旅游资源环境指数	旅游资源指数	0.0558
	旅游环境指数	0.0939

续表

二级指标	三级指标	指数
旅游发展潜力指数	政府管理指数	0.0022
	城市发展指数	0.1265
	市场指数	0.5176

（三）文旅融合产业发展特征

郑州市的文旅融合产业发展综合指数为 0.1560。在各二级指标中，文旅资源融合指数达到 0.1326，整体表现较为突出；文旅融合产业指数为 0.2810，具有一定的竞争力；文旅信息融合指数为 0.3980，优势十分明显。相比之下，文旅融合影响力指数为 0.0179，虽然不及其他指标，但仍有一定亮点。而时代融合指数为 0.0193；文旅产业发展弹性指数为 0.1705，表现一般（见表41）。

表 41   2023 年郑州市文旅融合产业发展综合指数一级、二级指标值

文旅融合产业发展综合指数					
0.1560					
文旅资源融合指数	文旅融合产业指数	文旅信息融合指数	文旅融合影响力指数	时代融合指数	文旅产业发展弹性指数
0.1326	0.2810	0.3980	0.0179	0.0193	0.1705

在文旅资源融合指数层面，郑州市文旅内容融合指数为 0.0928，文旅业态融合指数为 0.1806。在文旅融合产业指数方面，郑州的文旅消费指数达到 0.6979，表现优异，而文旅发展潜力指数仅为 0.0402，相对较弱。在文旅信息融合指数方面，郑州市数字化管理指数为 0.5514，仅次于洛阳和北京，但数字化评价

指数为 0.0718，表现较为一般。在文旅融合影响力指数方面，郑州的国外影响力指数为 0.0166，表现一般，而国内影响力指数稍占优势，达到 0.0226。在时代融合指数层面，郑州的乡村文旅指数为 0.0136，红色文旅指数为 0.0271，整体表现中规中矩。在文旅产业发展弹性指数方面，郑州市的文化产业发展弹性指数与旅游产业发展弹性指数均较低，反映出郑州文旅产业以稳定发展为主（见表 42）。

表 42   2023 年郑州市文旅融合产业发展综合指数三级指标情况

二级指标	三级指标	指数
文旅资源融合指数	文旅内容融合指数	0.0928
	文旅业态融合指数	0.1806
文旅融合产业指数	文旅消费指数	0.6979
	文旅发展潜力指数	0.0402
文旅信息融合指数	数字化管理指数	0.5514
	数字化评价指数	0.0718
文旅融合影响力指数	国内影响力指数	0.0226
	国外影响力指数	0.0166
时代融合指数	乡村文旅指数	0.0136
	红色文旅指数	0.0271
文旅产业发展弹性指数	文化产业发展弹性指数	0.2608
	旅游产业发展弹性指数	0.1263

八　杭州市

杭州市的文化和旅游产业发展总指数为 0.1777。杭州地处中国华东地区，是浙江省政府批复的环杭州湾大湾区核心城市，拥有丰富的历史文化遗产和文化旅游资源。近年来，杭州凭借强劲的发展势头，不断提升城市影响力和吸引力，在全国范围内逐渐"出圈"。作为中国互联网经济的中心之一，杭州还将科技与文化、旅游产业深度融合，为文化和旅游产业注入更多创新活力，为未来发展奠定了坚实基础。

（一）文化产业发展特征

杭州市的文化产业发展综合指数为 0.1711。其中，文化传播指数为 0.0833；文化资源指数为 0.3756，仅次于北京市；文化产业指数为 0.2908；文化发展潜力指数为 0.1152（见表 43）。

表 43 2023 年杭州市文化产业发展综合指数一级、二级指标值

文化产业发展综合指数			
0.1711			
文化传播指数	文化资源指数	文化产业指数	文化发展潜力指数
0.0833	0.3756	0.2908	0.1152

在文化传播指数层面，杭州市的国内和国外文化影响力均不十分突出，其中，国内文化影响力指数为 0.0637，表现平平；国外文化影响力指数为 0.0906，相对高于国内文化影响力指数。在文化资源指数层面，杭州的文化遗产资源优势较为明显，指数为 0.3594，仅次于北京市，位列全国第二；文化运营资源指数为 0.3446，表现也较为优秀。在文化产业指数层面，杭州文化产业的经济效益优势明显，指数为 0.2908。在文化发展潜力指数层面，杭州人才供给指数为 0.1239，表现良好；文化发展环境指数为 0.0270（见表 44）。

表44　2023年杭州市文化产业发展综合指数三级指标情况

二级指标	三级指标	指数
文化传播指数	国内文化影响力指数	0.0637
	国外文化影响力指数	0.0906
文化资源指数	文化遗产资源指数	0.3594
	文化运营资源指数	0.3446
文化产业指数	经济效益指数	0.2908
文化发展潜力指数	人才供给指数	0.1239
	文化发展环境指数	0.0270

（二）旅游产业发展特征

杭州市旅游产业发展综合指数为0.1573，整体来看，在全国领先城市中并不具备显著优势。然而，杭州市城市旅游形象指数达到0.2099，表现较为出色；城市旅游产业发展指数为0.1510；旅游资源环境指数为0.0925，处于全国上游水平。值得关注的是，杭州市的旅游发展潜力指数为0.1090，表现突出，显示出该市在旅游产业发展方面具备较大的增长空间和潜能（见表45）。

表45　2023年杭州市旅游产业发展综合指数一级、二级指标值

旅游产业发展综合指数			
0.1573			
城市旅游形象指数	城市旅游产业发展指数	旅游资源环境指数	旅游发展潜力指数
0.2099	0.1510	0.0925	0.1090

在城市旅游形象指数方面，杭州市的旅游舆情指数和旅游影响力指数在全国范围内表现较好，但未形成显著的绝对优势。在城市旅游产业发展指数方面，杭州市旅游消费指数为0.0751，旅游流量指数达到0.3106，整体表现出色，产业地位指数则为0.0587。

在旅游资源环境指数方面，杭州市旅游资源指数为 0.0896，处于全国中上游水平。同时，旅游环境指数为 0.0744，展现了杭州良好的旅游环境条件。在旅游发展潜力指数方面，杭州市的政府管理指数为 0.0630，城市发展指数为 0.1270，市场指数高达 0.6031（见表 46）。

表 46　2023 年杭州市旅游产业发展综合指数三级指标情况

二级指标	三级指标	指数
城市旅游形象指数	旅游舆情指数	0.6145
	旅游影响力指数	0.1754
城市旅游产业发展指数	旅游消费指数	0.0751
	旅游流量指数	0.3106
	产业地位指数	0.0587
旅游资源环境指数	旅游资源指数	0.0896
	旅游环境指数	0.0744
旅游发展潜力指数	政府管理指数	0.0630
	城市发展指数	0.1270
	市场指数	0.6031

（三）文旅融合产业发展特征

杭州市的文旅融合产业发展综合指数为 0.2344。其中，文旅资源融合指数为 0.2623，在全国处于中等水平。文旅融合产业指数为 0.4038，仅次于北京市和上海市。文旅信息融合指数优势较为明显，指数为 0.3148。文旅融合影响力指数为 0.0664，虽不如文旅资源融合指数、文旅融合产业指数、文旅信息融合指数，但表现仍可圈可点。时代融合指数为 0.1211，表现优秀。文旅产业发展弹性指数为 0.2096，说明杭州市的文旅产业发展稳定（见表 47）。

表47　2023年杭州市文旅融合产业发展综合指数一级、二级指标值

文旅融合产业发展综合指数					
0.2344					
文旅资源融合指数	文旅融合产业指数	文旅信息融合指数	文旅融合影响力指数	时代融合指数	文旅产业发展弹性指数
0.2623	0.4038	0.3148	0.0664	0.1211	0.2096

文旅资源融合指数方面，杭州文旅内容融合指数为0.1525；文旅业态融合指数为0.3948，表现较为优秀。从文旅融合产业指数来看，杭州文旅消费指数为0.1879，而文旅发展潜力指数为0.5286。在文旅信息融合指数层面，杭州数字化管理指数为0.2154，管理水平较高；数字化评价指数为0.5268。在文旅融合影响力指数层面，杭州的国内影响力指数为0.1051，位于全国前列；国外影响力指数为0.0565。在时代融合指数层面，杭州乡村文旅指数为0.0743，红色文旅指数达到0.1845，在全国范围内表现较为突出，属于上游水平。在文旅产业发展弹性指数方面，杭州市文化产业发展弹性指数为0.3150，旅游产业发展弹性指数为0.1583，处于全国中上游水平（见表48）。

表48　2023年杭州市文旅融合产业发展综合指数三级指标情况

二级指标	三级指标	指数
文旅资源融合指数	文旅内容融合指数	0.1525
	文旅业态融合指数	0.3948
文旅融合产业指数	文旅消费指数	0.1879
	文旅发展潜力指数	0.5286
文旅信息融合指数	数字化管理指数	0.2154
	数字化评价指数	0.5268
文旅融合影响力指数	国内影响力指数	0.1051
	国外影响力指数	0.0565

二级指标	三级指标	指数
时代融合指数	乡村文旅指数	0.0743
	红色文旅指数	0.1845
文旅产业发展弹性指数	文化产业发展弹性指数	0.3150
	旅游产业发展弹性指数	0.1583

九 武汉市

武汉市的文化和旅游产业发展总指数为 0.1657。作为中国重要的交通枢纽城市，武汉不仅拥有悠久的历史和深厚的文化积淀，还形成了较为完善的旅游产业体系。近年来，武汉文旅融合发展卓有成效，推动了城市文化与旅游的协调发展。

（一）文化产业发展特征

武汉市的文化产业发展综合指数为 0.1420，各二级指标具有一定优势。其中，文化传播指数为 0.0806，表明武汉在文化传播领域有良好表现；文化资源指数为 0.1028，体现了武汉的文化资源储备优势；文化产业指数达到 0.3376，反映出武汉文化产业的较高经济效益。此外，文化发展潜力指数为 0.1279，表明武汉在未来文化产业发展方面仍具有较大的提升空间（见表49）。

表49 2023年武汉市文化产业发展综合指数一级、二级指标值

文化产业发展综合指数			
0.1420			
文化传播指数	文化资源指数	文化产业指数	文化发展潜力指数
0.0806	0.1028	0.3376	0.1279

在文化传播指数方面，武汉的国外文化影响力指数为 0.0820，略高于国内文化影响力指数 0.0768，显示出其在国际文化传播中的相对优势。在文化资源指数层面，武汉的文化运营资源指数为 0.1972，表现突出，而文化遗产资源指数为 0.0337。在文化产业指数方面，武汉的经济效益指数达到 0.3376，展现了较强的全国竞争力。至于文化发展潜力指数方面，武汉的人才供给指数为 0.1329，表现优秀，而文化发展环境指数为 0.0772，处于全国中等位置（见表 50）。

表 50　2023 年武汉市文化产业发展综合指数三级指标情况

二级指标	三级指标	指数
文化传播指数	国内文化影响力指数	0.0768
	国外文化影响力指数	0.0820
文化资源指数	文化遗产资源指数	0.0337
	文化运营资源指数	0.1972
文化产业指数	经济效益指数	0.3376
文化发展潜力指数	人才供给指数	0.1329
	文化发展环境指数	0.0772

（二）旅游产业发展特征

武汉市的旅游产业发展综合指数为 0.2001。在具体二级指标中，城市旅游形象指数为 0.1889，表现亮眼；城市旅游产业发展指数为 0.1776，也展现了较强的竞争力。然而，旅游资源环境指数仅为 0.1115，表现稍显不足。值得一提的是，武汉的旅游发展潜力指数达到 0.2664，仅次于巴中市和深圳市，显示出武汉旅游产业的巨大发展潜力（见表 51）。

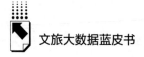

表51　2023年武汉市旅游产业发展综合指数一级、二级指标值

旅游产业发展综合指数			
0.2001			
城市旅游形象指数	城市旅游产业发展指数	旅游资源环境指数	旅游发展潜力指数
0.1889	0.1776	0.1115	0.2664

在城市旅游形象指数方面，武汉的旅游舆情指数为0.2443，旅游影响力指数为0.1842，均表现良好，处于全国前列。在城市旅游产业发展指数中，武汉的旅游消费指数为0.0945，旅游流量指数为0.2978，整体表现优秀，处于领先水平。此外，产业地位指数为0.1757，位列全国中游。在旅游资源环境指数方面，武汉的旅游资源指数为0.1147，旅游环境指数为0.0905，两项指标均表现较为出色。在旅游发展潜力指数层面，政府管理指数为0.3048，仅次于巴中市和海东市，位于全国第三，城市发展指数和市场指数分别为0.1226和0.5344，表现优异（见表52）。

表52　2023年武汉市旅游产业发展综合指数三级指标情况

二级指标	三级指标	指数
城市旅游形象指数	旅游舆情指数	0.2443
	旅游影响力指数	0.1842
城市旅游产业发展指数	旅游消费指数	0.0945
	旅游流量指数	0.2978
	产业地位指数	0.1757
旅游资源环境指数	旅游资源指数	0.1147
	旅游环境指数	0.0905
旅游发展潜力指数	政府管理指数	0.3048
	城市发展指数	0.1226
	市场指数	0.5344

（三）文旅融合产业发展特征

武汉市的文旅融合产业发展综合指数为 0.1914。在具体二级指标中，文旅资源融合指数为 0.1472，表现出色；文旅融合产业指数为 0.1980，文旅信息融合指数为 0.1326，两者均处于较高水平；文旅融合影响力指数达 0.1609，紧随北京、上海和三亚之后，展现出较强的影响力。相比之下，时代融合指数为 0.0577，表现较为一般；文旅产业发展弹性指数为 0.2748，相对偏低（见表 53）。

表 53　2023 年武汉市文旅融合产业发展综合指数一级、二级指标值

文旅融合产业发展综合指数					
0.1914					
文旅资源融合指数	文旅融合产业指数	文旅信息融合指数	文旅融合影响力指数	时代融合指数	文旅产业发展弹性指数
0.1472	0.1980	0.1326	0.1609	0.0577	0.2748

在文旅资源融合指数方面，武汉市的文旅内容融合指数为 0.1132，位居全国中上游，而文旅业态融合指数则表现平平。在文旅融合产业指数方面，武汉市文旅消费指数达到 0.2656，文旅发展潜力指数为 0.1642，两项指标均展现了较强的竞争优势。在文旅信息融合指数中，数字化管理指数为 0.1643，表现良好，而数字化评价指数为 0.0649，位于全国中等水平。在文旅融合影响力指数方面，武汉的国内影响力指数高达 0.4670，紧随三亚和北京之后，居全国前列；国外影响力指数为 0.0831，显示出较强的国际影响力。在时代融合指数方面，武汉的乡村文旅指数为 0.0114，表现较差，但红色文旅指数为 0.1204，表现较为突出。在文旅产业发展弹性指数方面，武汉的文化产业发展弹性指数为 0.3902，而旅游产业发展弹性指数为 0.2186，处于全国中上游，发展弹性较大（见表 54）。

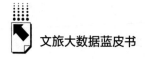

表 54　2023 年武汉市文旅融合产业发展综合指数三级指标情况

二级指标	三级指标	指数
文旅资源融合指数	文旅内容融合指数	0.1132
	文旅业态融合指数	0.1884
文旅融合产业指数	文旅消费指数	0.2656
	文旅发展潜力指数	0.1642
文旅信息融合指数	数字化管理指数	0.1643
	数字化评价指数	0.0649
文旅融合影响力指数	国内影响力指数	0.4670
	国外影响力指数	0.0831
时代融合指数	乡村文旅指数	0.0114
	红色文旅指数	0.1204
文旅产业发展弹性指数	文化产业发展弹性指数	0.3902
	旅游产业发展弹性指数	0.2186

十　西安市

西安市的文化和旅游产业发展总指数为 0.1649，作为中国西部的重要核心城市之一，西安因悠久的历史和深厚的文化积淀享誉世界。作为世界四大古都之一，西安拥有丰富的历史文化资源，这些深厚的文化底蕴为文化产业、旅游产业以及文旅融合产业的发展提供了坚实的基础与独特的竞争优势。

（一）文化产业发展特征

西安市的文化产业发展综合指数为 0.1699，在全国范围内表现优异。其中，文化传播指数为 0.0583，显示出西安在文化传播领域具有一定的优势；文化资源指数达 0.2316，充分体现了西安在历史文化资源上的显著优势；文化产业指数达 0.4517，表现尤为突出，展现了西安较强的文化产业发展实力。此外，西安市的文化发展潜力指数为0.1189，处于全国前列，表明西安文化产业仍具有较大的发展空间。这一潜力不仅源于西安历史文化资源的独特性和深度挖掘的可能性，也得益于近年来城市的快速发展以及政府在文化产业方面的政策支持和资源整合能力。总体而言，西安的文化产业体系已经较为完善，但仍有进一步发展的广阔空间（见表55）。

表55 2023年西安市文化产业发展综合指数一级、二级指标值

文化产业发展综合指数			
0.1699			
文化传播指数	文化资源指数	文化产业指数	文化发展潜力指数
0.0583	0.2316	0.4517	0.1189

在文化传播指数层面，西安的国内文化影响力较为突出，指数为0.1020，优势明显；西安的国外文化影响力指数为0.0420，表明西安具有一定的国际影响力。在文化资源指数方面，西安的文化遗产资源指数具有显著优势，同时文化运营资源指数表现出色，居全国前列。在文化产业指数方面，西安文化产业的经济效益指数达到0.4517，展现了产业发展的强劲动能。在文化发展潜力指数方面，西安的人才供给指数为0.1304，表现突出，显示出较强的人才储备能力；而文化发展环境指数为0.0024，整体处于全国中游水平，在文化发展环境建设上仍有较大提升空间（见表56）。

表56 2023年西安市文化产业发展综合指数三级指标情况

二级指标	三级指标	指数
文化传播指数	国内文化影响力指数	0.1020
	国外文化影响力指数	0.0420
文化资源指数	文化遗产资源指数	0.2174
	文化运营资源指数	0.2511

续表

二级指标	三级指标	指数
文化产业指数	经济效益指数	0.4517
文化发展潜力指数	人才供给指数	0.1304
	文化发展环境指数	0.0024

（二）旅游产业发展特征

西安市的旅游产业发展综合指数为0.1420。具体来看，城市旅游形象指数为0.1478；城市旅游产业发展指数达到0.2839，整体表现良好；旅游资源环境指数为0.1074；旅游发展潜力指数为0.0560，表明西安市的旅游产业仍有较大的提升空间。从整体表现来看，西安市的各项二级指标均处于较为优秀的水平，并呈现相对均衡的发展态势（见表57）。

表57　2023年西安市旅游产业发展综合指数一级、二级指标值

旅游产业发展综合指数			
0.1420			
城市旅游形象指数	城市旅游产业发展指数	旅游资源环境指数	旅游发展潜力指数
0.1478	0.2839	0.1074	0.0560

在城市旅游形象指数方面，西安市的旅游舆情指数达到0.2581，旅游影响力指数为0.1384，两项指标均表现良好。在城市旅游产业发展指数中，西安市的旅游消费指数和旅游流量指数均表现突出，其中旅游消费指数为0.0923，旅游流量指数为0.2702。此外，西安市的产业地位指数高达0.8069，仅次于丽江市，位居全国第二，充分展现了西安在旅游产业中的重要地位。在旅游资源环境指数方面，西安市的旅游资源指数为0.0907，旅游环境指数为0.0844。在旅游发

展潜力指数方面，西安的政府管理指数为0.0020，城市发展指数为0.1187，市场指数则达到了0.4180，居全国前列，体现出较大的市场活力和潜力（见表58）。

表58 2023年西安市旅游产业发展综合指数三级指标情况

二级指标	三级指标	指数
城市旅游形象指数	旅游舆情指数	0.2581
	旅游影响力指数	0.1384
城市旅游产业发展指数	旅游消费指数	0.0923
	旅游流量指数	0.2702
	产业地位指数	0.8069
旅游资源环境指数	旅游资源指数	0.0907
	旅游环境指数	0.0844
旅游发展潜力指数	政府管理指数	0.0020
	城市发展指数	0.1187
	市场指数	0.4180

（三）文旅融合产业发展特征

西安市的文旅融合产业发展综合指数为0.1855。其中，文旅资源融合指数优势明显，指数为0.3953，仅次于北京市、上海市和成都市；文旅融合产业指数表现优异，指数为0.2479；文旅信息融合指数为0.1686，表现良好；文旅融合影响力指数为0.0510；时代融合指数表现一般，为0.0111；文旅产业发展弹性指数为0.2090，仍有一定发展和提升的空间（见表59）。

表59 2023年西安市文旅融合产业发展综合指数一级、二级指标值

文旅融合产业发展综合指数					
0.1855					
文旅资源融合指数	文旅融合产业指数	文旅信息融合指数	文旅融合影响力指数	时代融合指数	文旅产业发展弹性指数
0.3953	0.2479	0.1686	0.0510	0.0111	0.2090

文旅资源融合指数方面，西安市的文旅内容融合指数为0.1284；文旅业态融合指数为0.7174，仅次于成都市。在文旅融合产业指数层面，西安文旅消费指数为0.3733，表现优异；文旅发展潜力指数为0.1755。在文旅信息融合指数层面，西安的数字化管理指数为0.2235，表现优秀；数字化评价指数为0.0515。在文旅融合影响力指数层面，西安的国内影响力指数为0.1559，国外影响力指数为0.0243。在时代融合指数层面，西安的乡村文旅指数和红色文旅指数表现较为一般。在文旅产业发展弹性指数层面，西安的文化产业发展弹性指数为0.3172、旅游产业发展弹性指数为0.1564，表现一般（见表60）。

表60　2023年西安市文旅融合产业发展综合指数三级指标情况

二级指标	三级指标	指数
文旅资源融合指数	文旅内容融合指数	0.1284
	文旅业态融合指数	0.7174
文旅融合产业指数	文旅消费指数	0.3733
	文旅发展潜力指数	0.1755
文旅信息融合指数	数字化管理指数	0.2235
	数字化评价指数	0.0515
文旅融合影响力指数	国内影响力指数	0.1559
	国外影响力指数	0.0243
时代融合指数	乡村文旅指数	0.0092
	红色文旅指数	0.0136
文旅产业发展弹性指数	文化产业发展弹性指数	0.3172
	旅游产业发展弹性指数	0.1564

本报告通过大数据分析了中国重点城市的文化和旅游产业发展状况。整体来看，中国重点城市的文化和旅游产业发展水平较高，各城市在不同领域展现了各自的优势，同时在发展模式上也呈现一定的差

异。这些经验为其他城市文化和旅游产业的发展提供了重要借鉴，并为探索更优的发展路径奠定了基础。

参考文献

博才武、钟晟：《文化和旅游融合研究——内在逻辑与政策路径》，武汉大学出版社，2021。

张德欣：《中国文旅产业创新创业评论（一）》，旅游教育出版社，2021。

何向武、周文泳、尤建新：《产业创新生态系统的内涵、结构与功能》，《科技与经济》2015年第4期。

桓占伟：《旅游文化及其主流研究反思——基于旅游文化概念的分析》，《人文地理》2007年第4期。

陆林、余凤龙：《中国旅游经济差异的空间特征分析》，《经济地理》2005年第3期。

翁钢民、李凌雁：《中国旅游与文化产业融合发展的耦合协调度及空间相关分析》，《经济地理》2016年第1期。

杨颖：《产业融合：旅游业发展趋势的新视角》，《旅游科学》2008年第4期。

张朝枝、朱敏敏：《文化和旅游融合：多层次关系内涵、挑战与践行路径》，《旅游学刊》2020年第3期。

赵华、于静：《山西省旅游产业集群的集聚度测算和经济效应分析》，《经济问题》2016年第3期。

王俊、王琪延：《中国地级及以上城市旅游竞争力评价研究》，《经济问题探索》2010年第2期。

B.6
2023年中国各区域文化和旅游产业发展大数据报告

张宏利　马云霄*

摘　要：　本报告通过对我国七大区域——东北、华北、华东、华南、华中、西北、西南——文化和旅游产业发展状况的对比与分析，指出我国各区域的文化和旅游产业发展仍存在较大不平衡。具体来看，华北、华东和西南地区在文化和旅游产业发展上表现突出；华南和华中地区则处于中等水平；东北地区尽管与西北地区相比经济效益较好，但文旅融合发展仍相对滞后；西北地区的城市旅游形象和文旅产业发展弹性略优于东北地区，但总体上仍有较大提升空间，旅游产业的发展潜力巨大。

关键词：　文旅产业　文旅融合　大数据

一　区域比较

根据地理条件、自然条件、历史沿革及经济发展等因素，本报告将中国划分为东北地区（黑龙江省、吉林省、辽宁省）、华北地区（北京市、天津市、河北省、山西省、内蒙古自治区）、华东地区

---

*　张宏利，MBA，江苏唱游数据技术有限公司营销总经理，主要研究方向为智慧旅游、旅游大数据；马云霄，硕士研究生在读，北京第二外国语学院中国文化和旅游大数据研究院研究员，主要研究方向为旅游大数据。

（山东省、江苏省、安徽省、浙江省、福建省、江西省、上海市）、华南地区（广东省、广西壮族自治区、海南省）、华中地区（湖北省、湖南省、河南省）、西北地区（宁夏回族自治区、新疆维吾尔自治区、青海省、陕西省、甘肃省）、西南地区（四川省、云南省、贵州省、西藏自治区、重庆市）。

（一）文化和旅游产业发展总指数

2023年，华北地区的文化和旅游产业发展总指数为0.2083，明显高于其他地区，表明该地区在文化和旅游产业发展方面处于领先地位。各区域的文化和旅游产业发展水平存在显著差异。华东地区（0.1060）和西南地区（0.0770）的发展状况较好，指数均超过了全国平均值（0.0759）。相比之下，华南地区（0.0463）、华中地区（0.0401）、东北地区（0.0274）和西北地区（0.0262）的文旅产业发展较为滞后，处于较低水平（见表1）。

表1　2023年全国七大区域文化和旅游产业发展总指数

区域	文化和旅游产业发展总指数	区域	文化和旅游产业发展总指数
华北地区	0.2083	华中地区	0.0401
华东地区	0.1060	东北地区	0.0274
西南地区	0.0770	西北地区	0.0262
华南地区	0.0463	平均值	0.0759

（二）文化产业发展综合指数

2023年，华北地区的文化产业发展综合指数为0.0618，高于华东地区（0.0470）、华南地区（0.0392）和华中地区（0.0353）等，且各区域之间的差距较大，这表明我国各地区文化产业的发展差异明显。西南地

区、东北地区和西北地区的文化产业发展综合指数低于全国平均值
（0.0351），表明这些地区在文化产业发展方面相对滞后（见表2）。

表2　2023年全国七大区域文化产业发展综合指数

区域	文化产业发展综合指数	区域	文化产业发展综合指数
华北地区	0.0618	西南地区	0.0237
华东地区	0.0470	东北地区	0.0219
华南地区	0.0392	西北地区	0.0169
华中地区	0.0353	平均值	0.0351

从文化传播指数来看，华北地区的文化传播影响力明显高于其他
地区，显示出华北地区在文化传播方面的优势。华东和华南地区紧随
其后，且文化传播指数均高于平均值，而华中、西南、东北和西北地
区的文化传播能力有待提高。从文化资源指数来看，华北地区的文化
资源明显丰富，指数领先于其他地区。华东和华中地区的文化资源指
数次之，文化资源指数均高于平均值，表明这两个地区的文化资源相
对较为丰富。在文化产业指数方面，华北地区表现突出，华东、华南
和华中地区的文化产业发展也较为良好，文化产业指数均高于平均
值。而西南、东北和西北地区的文化产业指数低于平均水平，有待进
一步提升。从文化发展潜力指数来看，华北地区具有较大的文化产业
发展潜力，其次是西南地区（见表3）。

表3　2023年全国七大区域文化产业发展综合指数二级指标情况

区域	文化传播指数	文化资源指数	文化产业指数	文化发展潜力指数
华北地区	0.0319	0.0831	0.1318	0.0500
华东地区	0.0178	0.0676	0.1224	0.0287
华南地区	0.0128	0.0378	0.1158	0.0293

区域	文化传播指数	文化资源指数	文化产业指数	文化发展潜力指数
华中地区	0.0085	0.0487	0.1004	0.0264
西南地区	0.0067	0.0406	0.0446	0.0309
东北地区	0.0049	0.0216	0.0604	0.0251
西北地区	0.0046	0.0271	0.0334	0.0222
平均值	0.0125	0.0466	0.0870	0.0304

（三）旅游产业发展综合指数

2023年，华东地区（0.0508）、华南地区（0.0498）、华北地区（0.0439）和西南地区（0.0396）的旅游产业发展综合指数高于平均值（0.0391），表现较为优异。而其他三大区域的旅游产业发展综合指数低于平均水平，尤其是东北地区（0.0273）和西北地区（0.0272），旅游产业仍有较大提升空间（见表4）。整体来看，各区域旅游产业发展存在不均衡现象，区域间差距较为明显。

表4　2023年全国七大区域旅游产业发展综合指数

区域	旅游产业发展综合指数	区域	旅游产业发展综合指数
华东地区	0.0508	华中地区	0.0348
华南地区	0.0498	东北地区	0.0273
华北地区	0.0439	西北地区	0.0272
西南地区	0.0396	平均值	0.0391

在城市旅游形象指数方面，华北地区表现最为突出，华东和华南地区紧随其后，均高于平均水平，表明这三个地区在旅游知名度和城市旅游形象传播方面具有明显优势。与之相比，其他地区的城

市旅游形象传播效果相对较弱，亟须进一步加强旅游宣传和营销，以树立良好的城市旅游形象。在城市旅游产业发展指数方面，华北、华东、西南和华南四个地区的表现较为优异，显示出这些地区在旅游产业发展方面的强劲实力。华中地区表现中等，接近平均水平，而东北和西北地区的旅游产业发展实力相对较弱，仍需加大投入，推动产业进一步发展。在旅游资源环境指数方面，华南和华东地区的表现相对较好，均高于平均水平，表明这两个地区在自然景观、资源保护和环境建设方面具备较大的优势。相比之下，华中、西南、华北、东北和西北地区的表现较为欠缺，均低于平均水平，意味着这些地区在旅游资源的开发和环境保护方面仍有较大的改进空间。在旅游发展潜力指数方面，华东和华南地区的表现十分优秀，表明这两个地区具备巨大的旅游发展潜力，未来有望成为旅游发展的重点区域。西南、华中和华北三个地区的指数差距不大，均表现良好，显示出这些地区的旅游产业仍有较大增长空间。而东北和西北地区的旅游发展潜力相对较低，仍需更多政策支持和资源投入，以激发更大的发展潜力（见表5）。

表5 2023年全国七大区域旅游产业发展综合指数二级指标情况

区域	城市旅游 形象指数	城市旅游产业 发展指数	旅游资源 环境指数	旅游发展 潜力指数
华东地区	0.0406	0.0694	0.0578	0.0440
华南地区	0.0384	0.0655	0.0725	0.0421
华北地区	0.0423	0.0749	0.0328	0.0305
西南地区	0.0262	0.0668	0.0396	0.0319
华中地区	0.0211	0.0564	0.0421	0.0318
东北地区	0.0184	0.0499	0.0316	0.0169
西北地区	0.0224	0.0470	0.0267	0.0187
平均值	0.0299	0.0614	0.0433	0.0308

（四）文旅融合产业发展综合指数

2023 年，华南地区的文旅融合产业发展综合指数（0.0763）明显高于其他地区，文旅融合的效果显著；其次为华东地区（0.0742），再次为华北地区（0.0692）和华中地区（0.0680），这些地区在文旅融合方面也取得了一些成就；西南地区（0.0662）表现中等，略高于平均水平（0.0648）；西北和东北地区的文旅融合产业发展成效较弱，需要加快融合、深入推进（见表6）。

表6　2023 年全国七大区域文旅融合产业发展综合指数

区域	文旅融合产业发展综合指数	区域	文旅融合产业发展综合指数
华南地区	0.0763	西南地区	0.0662
华东地区	0.0742	西北地区	0.0555
华北地区	0.0692	东北地区	0.0444
华中地区	0.0680	平均值	0.0648

从文旅资源融合指数来看，华东地区的文旅产业新业态内容丰富，文化旅游资源优质，东北地区的文旅资源整合程度则有待大幅度提高。从文旅融合产业指数来看，华东地区和华北地区的文旅融合产业指数显著高于其他地区，说明这两个区域具有坚实的产业发展基础和消费基础，而西南地区、西北地区和东北地区的文旅融合产业实力则比较薄弱。从文旅信息融合指数来看，华中地区遥遥领先，华东和华北地区的文旅数字化水平较高，而西南、华南、西北和东北地区的文旅数字化水平整体不高且差距不大，需要加强数字化建设。从文旅融合影响力指数来看，华北地区表现尤为突出，指数高于其他地区，并且大幅超过平均值，表明该地区在文旅融合方面的媒体热度较高，也兼顾了产业发展与宣传营销的双重作用，具

备较强的综合影响力。从时代融合指数来看，华北、华东和西南地区的指数均高于平均水平，表明这些地区紧跟时代潮流，积极挖掘和丰富本地旅游文化的内涵，并注重文化创新，展现出较强的文化融合与创新能力。在文旅产业发展弹性指数方面，华南地区表现最佳，其次是西南和华中地区。这些地区的文旅产业发展更具灵活性，可能更容易抓住机遇（见表7）。

表7 2023年全国七大区域文旅融合产业发展综合指数二级指标情况

区域	文旅资源融合指数	文旅融合产业指数	文旅信息融合指数	文旅融合影响力指数	时代融合指数	文旅产业发展弹性指数
华东地区	0.0813	0.0674	0.0665	0.0171	0.0343	0.1597
华北地区	0.0674	0.0650	0.0602	0.0310	0.0375	0.1213
华南地区	0.0516	0.0443	0.0401	0.0150	0.0242	0.2490
华中地区	0.0405	0.0435	0.0881	0.0108	0.0176	0.2025
西南地区	0.0487	0.0235	0.0419	0.0088	0.0287	0.2242
西北地区	0.0473	0.0234	0.0376	0.0054	0.0241	0.1808
东北地区	0.0369	0.0225	0.0319	0.0077	0.0176	0.1363
平均值	0.0534	0.0414	0.0523	0.0137	0.0263	0.1820

二 华北地区

（一）文化和旅游产业总体发展特征

华北地区的文化和旅游产业发展总指数为0.2083，领先其他地区，说明华北地区的文旅产业在我国处于领先位置。

（二）文化产业发展特征

2023年，华北地区的文化产业发展综合指数为0.0618，相较于其他区域表现优异。从文化产业发展综合指数的各项二级指标来看，华北地区的文化传播指数、文化资源指数、文化产业指数和文化发展潜力指数均优于其他区域，显示出在文化影响力、文化资源的丰富性、产业发展实力以及未来发展潜力等方面的全国领先优势。总体而言，华北地区的文化产业发展较为均衡，各方面协调发展，展现出强劲的综合竞争力（见表8）。

表8　2023年华北地区文化产业发展综合指数一级、二级指标值

文化产业发展综合指数			
0.0618			
文化传播指数	文化资源指数	文化产业指数	文化发展潜力指数
0.0319	0.0831	0.1318	0.0500

从文化产业发展综合指数三级指标来看，除文化运营资源指数外，华北地区其他各项指标均优于其他地区，体现华北地区文化产业的整体优势和均衡发展态势。华北地区的领先地位表现为在文化产业领域的强劲综合实力。华北地区唯一需要改进的是文化运营资源指数。尽管与华东地区相比，华北地区文化运营资源稍显不足，但整体而言，华北地区的文化产业发展水平仍处于全国前列，且各方面发展较为均衡（见表9）。

表9　2023年华北地区文化产业发展综合指数三级指标情况

二级指标	三级指标	指数
文化传播指数	国内文化影响力指数	0.0367
	国外文化影响力指数	0.0301
文化资源指数	文化遗产资源指数	0.0885
	文化运营资源指数	0.0756
文化产业指数	经济效益指数	0.1318
文化发展潜力指数	人才供给指数	0.0518
	文化发展环境指数	0.0316

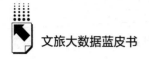

（三）旅游产业发展特征

2023 年，华北地区的旅游产业发展综合指数为 0.0439，尽管表现较好，但仍存在一定的提升空间。从旅游产业发展综合指数的二级指标来看，华北地区的城市旅游形象指数和城市旅游产业发展指数优于其他区域，表明该地区在旅游知名度和产业发展方面有较强的优势。然而，华北地区的旅游资源环境指数和旅游发展潜力指数表现相对较差，均低于平均值，表明在资源保护与开发以及未来旅游发展潜力的挖掘方面还有很大的提升空间（见表 10）。

表 10　2023 年华北地区旅游产业发展综合指数一级、二级指标值

旅游产业发展综合指数			
0.0439			
城市旅游形象指数	城市旅游产业发展指数	旅游资源环境指数	旅游发展潜力指数
0.0423	0.0749	0.0328	0.0305

从旅游产业发展综合指数三级指标来看，华北地区的旅游影响力指数、旅游消费指数和旅游流量指数高于其他地区；旅游舆情指数、城市发展指数和市场指数在七大区域中排名靠前；旅游环境指数和政府管理指数表现良好；产业地位指数、旅游资源指数有一定提升空间。相较于文化产业，华北地区的旅游产业各项指标并不均衡，旅游产业的可提升之处较多（见表 11）。

表 11　2023 年华北地区旅游产业发展综合指数三级指标情况

二级指标	三级指标	指数
城市旅游形象指数	旅游舆情指数	0.1391
	旅游影响力指数	0.0340
城市旅游产业发展指数	旅游消费指数	0.0509
	旅游流量指数	0.0761
	产业地位指数	0.1353

二级指标	三级指标	指数
旅游资源环境指数	旅游资源指数	0.0351
	旅游环境指数	0.0264
旅游发展潜力指数	政府管理指数	0.0126
	城市发展指数	0.0276
	市场指数	0.2756

（四）文旅融合产业发展特征

2023年，华北地区的文旅融合产业发展综合指数为0.0692，表现较为优异。从文旅融合产业发展综合指数二级指标来看，华北地区在文旅融合影响力指数和时代融合指数上表现突出，表明华北地区在文旅融合的媒体传播和文化创新方面具有强劲实力。华北地区的文旅资源融合指数和文旅融合产业指数仅次于华东地区，表明该地区在资源整合和产业融合方面也具有较高水平。华北地区的文旅信息融合指数为0.0602，进一步展示了在数字化和信息化应用上的发展优势。然而，华北地区的文旅产业发展弹性指数仅为0.1213，可能更依赖既有发展模式（见表12）。总体来看，华北地区各项指标表现优异，整体发展良好，但仍需在提升产业弹性方面努力。

表12　2023年华北地区文旅融合产业发展综合指数一级、二级指标值

文旅融合产业发展综合指数					
0.0692					
文旅资源融合指数	文旅融合产业指数	文旅信息融合指数	文旅融合影响力指数	时代融合指数	文旅产业发展弹性指数
0.0674	0.0650	0.0602	0.0310	0.0375	0.1213

从文旅融合产业发展综合指数三级指标来看，华北地区文旅内容融合指数、文旅消费指数、国内影响力指数、国外影响力指数、红色文旅指数等均高于其他地区；文旅业态融合指数、文旅发展潜力指数仅次于华东地区，数字化管理指数仅次于华中地区，乡村文旅指数仅次于西北地区，表现比较优秀；数字化评价指数在七大区域中排名靠前。华北地区旅游产业发展弹性指数较低，表明华北地区文旅融合产业的灵活性存在一定不足，适应能力需要提高（见表13）。

表13 2023年华北地区文旅融合产业发展综合指数三级指标情况

二级指标	三级指标	指数
文旅资源融合指数	文旅内容融合指数	0.0437
	文旅业态融合指数	0.0961
文旅融合产业指数	文旅消费指数	0.0990
	文旅发展潜力指数	0.0453
文旅信息融合指数	数字化管理指数	0.0593
	数字化评价指数	0.0620
文旅融合影响力指数	国内影响力指数	0.0387
	国外影响力指数	0.0291
时代融合指数	乡村文旅指数	0.0183
	红色文旅指数	0.0636
文旅产业发展弹性指数	文化产业发展弹性指数	0.1747
	旅游产业发展弹性指数	0.0953

三 华东地区

（一）文化和旅游产业总体发展特征

2023年，华东地区的文化和旅游产业发展总指数为0.1060，发展水平较高，仅次于华北地区，具备较强的竞争力和优势。

（二）文化产业发展特征

2023 年，华东地区的文化产业发展综合指数为 0.0470，表现比较优秀。从文化产业发展综合指数二级指标来看，华东地区的文化传播指数、文化资源指数以及文化产业指数表现比较优秀（见表 14）。

表 14　2023 年华东地区文化产业发展综合指数一级、二级指标值

文化产业发展综合指数			
0.0470			
文化传播指数	文化资源指数	文化产业指数	文化发展潜力指数
0.0178	0.0676	0.1224	0.0287

从文化产业发展综合指数三级指标来看，华东地区的文化运营资源指数表现最为优秀，国外文化影响力指数、文化遗产资源指数、经济效益指数和文化发展环境指数整体表现较为突出。然而，华东地区的国内文化影响力指数较低，且人才供给指数低于平均值，表明在文化宣传与营销、文化资源的开发与挖掘以及文化产业人才的培养等方面仍存在一定的提升空间，亟须进一步加强这些领域的发展（见表 15）。

表 15　2023 年华东地区文化产业发展综合指数三级指标情况

二级指标	三级指标	指数
文化传播指数	国内文化影响力指数	0.0200
	国外文化影响力指数	0.0170
文化资源指数	文化遗产资源指数	0.0521
	文化运营资源指数	0.0888
文化产业指数	经济效益指数	0.1224
文化发展潜力指数	人才供给指数	0.0299
	文化发展环境指数	0.0166

（三）旅游产业发展特征

2023 年，华东地区的旅游产业发展综合指数为 0.0508，在旅游产业发展方面占据优势和领先地位。从旅游产业发展综合指数二级指标来看，华东地区的旅游发展潜力指数高于其他地区，表明其在未来旅游产业发展方面具备较大潜力。华东地区的城市旅游形象指数和城市旅游产业发展指数仅次于华北地区，反映出华东地区在提升城市旅游品牌和推动旅游产业发展方面的努力及成效。华东地区的旅游资源环境指数仅次于华南地区，显示该地区在自然景观和旅游资源的保护与开发方面也具备较强优势。总体而言，华东地区的旅游产业表现出色，各项指标发展均衡，具备持续发展的良好基础（见表 16）。

表 16　2023 年华东地区旅游产业发展综合指数一级、二级指标值

旅游产业发展综合指数			
0.0508			
城市旅游形象指数	城市旅游产业发展指数	旅游资源环境指数	旅游发展潜力指数
0.0406	0.0694	0.0578	0.0440

从旅游产业发展综合指数三级指标来看，华东地区的旅游舆情指数、旅游环境指数、城市发展指数和市场指数表现良好，表明该地区具备优良的旅游发展环境和成熟的市场条件。华东地区的旅游市场具有较高的游客满意度，体现出该地区在吸引和服务游客方面的优势。然而，华东地区的产业地位指数略低于平均值，表明虽然其在旅游产业的各项细分领域表现优异，但在行业整体地位上还有一定提升空间。除产业地位指数外，其他三级指标均处于上游水平，进一步显示了华东地区在旅游产业各个方面的发展优势（见表 17）。

表17   2023年华东地区旅游产业发展综合指数三级指标情况

二级指标	三级指标	指数
城市旅游形象指数	旅游舆情指数	0.1928
	旅游影响力指数	0.0276
城市旅游产业发展指数	旅游消费指数	0.0473
	旅游流量指数	0.0753
	产业地位指数	0.1161
旅游资源环境指数	旅游资源指数	0.0698
	旅游环境指数	0.0437
旅游发展潜力指数	政府管理指数	0.0177
	城市发展指数	0.0399
	市场指数	0.4044

（四）文旅融合产业发展特征

华东地区的文旅融合产业发展综合指数为0.0742，文旅融合产业的整体发展水平较高。从文旅融合产业发展综合指数二级指标来看，华东地区除文旅产业发展弹性指数外的各项指标表现均高于平均值，处于较为领先的地位。这表明华东地区的文旅融合产业发展相对均衡，各方面表现优异（见表18）。

表18   2023年华东地区文旅融合产业发展综合指数一级、二级指标值

文旅融合产业发展综合指数					
0.0742					
文旅资源融合指数	文旅融合产业指数	文旅信息融合指数	文旅融合影响力指数	时代融合指数	文旅产业发展弹性指数
0.0813	0.0674	0.0665	0.0171	0.0343	0.1597

从文旅融合产业发展综合指数三级指标来看，华东地区在国内影响力指数和数字化管理指数方面表现中等，其余三级指标的表现

均明显高于平均水平，特别是在数字化评价指数和文旅业态融合指数方面，华东地区的表现全国领先（见表19）。这表明，华东地区的文旅融合产业整体发展良好，尤其在数字化转型和文旅业态融合方面展现出显著优势。尽管整体表现优异，但华东地区在提升国内影响力和数字化管理能力等方面仍有进步空间，未来可以进一步发展和完善。

表19　2023年华东地区文旅融合产业发展综合指数三级指标情况

二级指标	三级指标	指数
文旅资源融合指数	文旅内容融合指数	0.0419
	文旅业态融合指数	0.1289
文旅融合产业指数	文旅消费指数	0.0931
	文旅发展潜力指数	0.0525
文旅信息融合指数	数字化管理指数	0.0452
	数字化评价指数	0.1118
文旅融合影响力指数	国内影响力指数	0.0331
	国外影响力指数	0.0131
时代融合指数	乡村文旅指数	0.0164
	红色文旅指数	0.0585
文旅产业发展弹性指数	文化产业发展弹性指数	0.3100
	旅游产业发展弹性指数	0.0866

四　西南地区

（一）文化和旅游产业总体发展特征

2023年，西南地区的文化和旅游产业发展总指数为0.0770，西南地区文旅产业整体发展状况较好。

（二）文化产业发展特征

西南地区的文化产业发展综合指数为 0.0237，低于平均值。从文化产业发展综合指数二级指标来看，西南地区的文化发展潜力指数较大，其他各项二级指标均低于平均水平，说明西南地区文化产业整体发展进步空间很大（见表20）。

表20　2023年西南地区文化产业发展综合指数一级、二级指标值

文化产业发展综合指数			
0.0237			
文化传播指数	文化资源指数	文化产业指数	文化发展潜力指数
0.0067	0.0406	0.0446	0.0309

从文化产业发展综合指数三级指标来看，西南地区的人才供给指数仅次于华北地区，且文化发展环境指数仅次于华北地区和华东地区，这表明西南地区在文化产业人才供给和文化发展环境方面表现相对较好，具备较强的基础条件（见表21）。然而，除文化遗产资源指数外，其他各项指标均低于平均水平，显示出西南地区在国外文化传播能力、文化产业的经济效益以及整体文化产业发展环境等方面仍有待提升。

表21　2023年西南地区文化产业发展综合指数三级指标情况

二级指标	三级指标	指数
文化传播指数	国内文化影响力指数	0.0113
	国外文化影响力指数	0.0051
文化资源指数	文化遗产资源指数	0.0427
	文化运营资源指数	0.0377
文化产业指数	经济效益指数	0.0446
文化发展潜力指数	人才供给指数	0.0331
	文化发展环境指数	0.0088

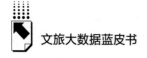

（三）旅游产业发展特征

2023 年，西南地区的旅游产业发展综合指数为 0.0396。从旅游产业发展综合指数二级指标来看，西南地区的城市旅游产业发展指数高于平均值，其他指标则相对较弱，表明旅游产业整体发展水平有待提升（见表 22）。尽管城市旅游产业表现较好，但西南地区在其他方面仍需要加强和改进，以推动旅游产业的全面发展。

表 22　2023 年西南地区旅游产业发展综合指数一级、二级指标值

旅游产业发展综合指数			
0.0396			
城市旅游 形象指数	城市旅游产业 发展指数	旅游资源 环境指数	旅游发展 潜力指数
0.0262	0.0668	0.0396	0.0319

从旅游产业发展综合指数三级指标来看，西南地区在产业地位指数、旅游资源指数、政府管理指数等方面表现较好，指数高于平均水平，但是旅游舆情指数、旅游影响力指数、旅游消费指数、旅游流量指数、旅游环境指数、城市发展指数、市场指数均低于平均值，说明其旅游影响力、旅游客流与消费还有增长的空间，旅游环境还需继续优化（见表 23）。

表 23　2023 年西南地区旅游产业发展综合指数三级指标情况

二级指标	三级指标	指数
城市旅游形象指数	旅游舆情指数	0.1355
	旅游影响力指数	0.0169
城市旅游产业发展指数	旅游消费指数	0.0203
	旅游流量指数	0.0561
	产业地位指数	0.2070

二级指标	三级指标	指数
旅游资源环境指数	旅游资源指数	0.0698
	旅游环境指数	0.0171
旅游发展潜力指数	政府管理指数	0.0221
	城市发展指数	0.0247
	市场指数	0.1961

（四）文旅融合产业发展特征

西南地区的文旅融合产业发展综合指数为 0.0662，整体处于中等水平。从文旅融合产业发展综合指数二级指标来看，西南地区的文旅产业发展弹性指数仅次于华南地区，表现优异。同时，时代融合指数和文旅产业发展弹性指数高于平均值，表明西南地区在紧跟时代步伐和推动文旅融合方面具有较强的能力。然而，西南地区的文旅资源融合指数、文旅融合产业指数、文旅信息融合指数和文旅融合影响力指数低于平均水平，表明在文旅产业的深度融合、数字化及信息化建设等方面仍有提升空间，需要进一步加强相关领域的发展（见表 24）。

表 24　2023 年西南地区文旅融合产业发展综合指数一级、二级指标值

文旅融合产业发展综合指数					
0.0662					
文旅资源融合指数	文旅融合产业指数	文旅信息融合指数	文旅融合影响力指数	时代融合指数	文旅产业发展弹性指数
0.0487	0.0235	0.0419	0.0088	0.0287	0.2242

从文旅融合产业发展综合指数三级指标来看，西南地区的数字化评价指数仅次于华东地区，文化产业发展弹性指数仅次于华南地区，

表现优秀；文旅业态融合指数、乡村文旅指数和红色文旅指数高于平均值，发展较为良好。但是，西南地区的文旅内容融合指数、文旅消费指数、文旅发展潜力指数、数字化管理指数、数字化评价指数、国内影响力指数和国外影响力指数均低于平均水平（见表25）。这说明西南地区的文旅融合产业发展具有一定的不平衡性，需要积极促进文旅内容融合，增强文旅消费能力，挖掘文旅发展潜力，提高文旅融合的数字化与智慧化水平和能力，提升国内外影响力。

表25　2023年西南地区文旅融合产业发展综合指数三级指标情况

二级指标	三级指标	指数
文旅资源融合指数	文旅内容融合指数	0.0254
	文旅业态融合指数	0.0768
文旅融合产业指数	文旅消费指数	0.0317
	文旅发展潜力指数	0.0187
文旅信息融合指数	数字化管理指数	0.0318
	数字化评价指数	0.0635
文旅融合影响力指数	国内影响力指数	0.0296
	国外影响力指数	0.0035
时代融合指数	乡村文旅指数	0.0171
	红色文旅指数	0.0445
文旅产业发展弹性指数	文化产业发展弹性指数	0.3665
	旅游产业发展弹性指数	0.1550

五　华中地区

（一）文化和旅游产业总体发展特征

华中地区的文化和旅游产业发展总指数为0.0401，整体处于全国中下游水平，表明该地区的文化和旅游产业整体发展较为滞后。

（二）文化产业发展特征

2023 年，华中地区的文化产业发展综合指数为 0.0353，文化产业发展综合指数二级指标大多处于中等水平。整体来看，华中地区的文化产业发展情况不尽理想，存在较大提升空间。因此，华中地区需要进行全面、细致的优化，以促进文化产业的全面发展（见表 26）。

表 26　2023 年华中地区文化产业发展综合指数一级、二级指标值

文化产业发展综合指数			
0.0353			
文化传播指数	文化资源指数	文化产业指数	文化发展潜力指数
0.0085	0.0487	0.1004	0.0264

华中地区的文化产业发展综合指数三级指标中，文化遗产资源指数和经济效益指数高于平均值，国外文化影响力指数和文化发展环境指数处于全国下游水平，其他指标处于中等水平（见表 27）。华中地区文化产业的进步空间较大，尤其要注重对外文化宣传、创造良好的文化发展环境、提高经济效益、注重人才质量，同时减少人才流失，加强人才供给。

表 27　2023 年华中地区文化产业发展综合指数三级指标情况

二级指标	三级指标	指数
文化传播指数	国内文化影响力指数	0.0182
	国外文化影响力指数	0.0049
文化资源指数	文化遗产资源指数	0.0462
	文化运营资源指数	0.0521
文化产业指数	经济效益指数	0.1004
文化发展潜力指数	人才供给指数	0.0286
	文化发展环境指数	0.0041

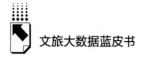

（三）旅游产业发展特征

华中地区的旅游产业发展综合指数为 0.0348，整体处于中下游水平。从相关二级指标来看，除旅游发展潜力指数外，其他指标均低于平均水平，表明华中地区的旅游产业发展水平整体偏低（见表 28）。为了提升华中地区的旅游产业发展水平，需要激发旅游产业发展的积极性，推动旅游产业规模和质量的提升。

表 28　2023 年华中地区旅游产业发展综合指数一级、二级指标值

旅游产业发展综合指数			
0.0348			
城市旅游形象指数	城市旅游产业发展指数	旅游资源环境指数	旅游发展潜力指数
0.0211	0.0564	0.0421	0.0318

华中地区的旅游产业发展综合指数三级指标中，除市场指数外，其余指标均低于平均水平。华中地区的旅游环境指数仅次于华南地区和华东地区，市场指数仅次于华东地区，表明华中地区在旅游环境和市场条件方面仍具有一定优势（见表 29）。虽然华中地区旅游产业整体发展水平不高，但个别领域仍有可圈可点之处。

表 29　2023 年华中地区旅游产业发展综合指数三级指标情况

二级指标	三级指标	指数
城市旅游形象指数	旅游舆情指数	0.1340
	旅游影响力指数	0.0114
城市旅游产业发展指数	旅游消费指数	0.0296
	旅游流量指数	0.0571
	产业地位指数	0.1248
旅游资源环境指数	旅游资源指数	0.0547
	旅游环境指数	0.0289

二级指标	三级指标	指数
旅游发展潜力指数	政府管理指数	0.0114
	城市发展指数	0.0274
	市场指数	0.3173

（四）文旅融合产业发展特征

华中地区的文旅融合产业发展综合指数为 0.0680，整体处于中等水平。其中，文旅产业发展弹性指数仅次于华南地区和西南地区，表现较为良好，文旅信息融合指数领先其他区域，但文旅资源融合指数和时代融合指数较为落后（见表 30）。这说明，华中地区的文旅融合产业在发展过程中要更加积极地推动文旅资源融合，在充分利用数字化资源的基础上紧跟时代步伐。

表 30　2023 年华中地区文旅融合产业发展综合指数一级、二级指标值

文旅融合产业发展综合指数					
0.0680					
文旅资源融合指数	文旅融合产业指数	文旅信息融合指数	文旅融合影响力指数	时代融合指数	文旅产业发展弹性指数
0.0405	0.0435	0.0881	0.0108	0.0176	0.2025

华中地区的大部分文旅融合产业发展综合指数三级指标处于中游水平，但数字化管理指数高于其他区域，表现优异。此外，华中地区的国内影响力指数仅次于华南地区和华北地区，文化产业发展弹性指数仅次于华南地区和西南地区（见表 31）。

表 31 2023 年华中地区文旅融合产业发展综合指数三级指标情况

二级指标	三级指标	指数
文旅资源融合指数	文旅内容融合指数	0.0174
	文旅业态融合指数	0.0683
文旅融合产业指数	文旅消费指数	0.0751
	文旅发展潜力指数	0.0252
文旅信息融合指数	数字化管理指数	0.1016
	数字化评价指数	0.0592
文旅融合影响力指数	国内影响力指数	0.0382
	国外影响力指数	0.0038
时代融合指数	乡村文旅指数	0.0063
	红色文旅指数	0.0329
文旅产业发展弹性指数	文化产业发展弹性指数	0.3597
	旅游产业发展弹性指数	0.1260

六 华南地区

（一）文化和旅游产业总体发展特征

2023 年，华南地区的文化和旅游产业发展总指数为 0.0463，文化和旅游产业整体发展水平居全国中游。这表明，华南地区的文化和旅游产业处于一个较为稳定的发展状态，虽然未居领先位置，但也具备一定的潜力和发展基础。

（二）文化产业发展特征

2023 年，华南地区的文化产业发展综合指数为 0.0392，位居全国中游。相关二级指标均接近平均水平，除文化资源指数和文化发展潜力指数处于全国中下游，其他指标处于中等水平，说明华南地区文化资源开发不足，文化发展潜力还有待挖掘（见表 32）。

表32　2023年华南地区文化产业发展综合指数一级、二级指标值

文化产业发展综合指数			
0.0392			
文化传播指数	文化资源指数	文化产业指数	文化发展潜力指数
0.0128	0.0378	0.1158	0.0293

　　在华南地区的文化产业发展综合指数三级指标中，国内文化影响力指数仅次于华北地区，国外文化影响力指数、文化运营资源指数、经济效益指数、人才供给指数和文化发展环境指数处于中等水平，文化遗产资源指数处于全国下游水平，说明华南地区要积极挖掘当地的文化遗产资源（见表33）。

表33　2023年华南地区文化产业发展综合指数三级指标情况

二级指标	三级指标	指数
文化传播指数	国内文化影响力指数	0.0229
	国外文化影响力指数	0.0091
文化资源指数	文化遗产资源指数	0.0159
	文化运营资源指数	0.0676
文化产业指数	经济效益指数	0.1158
文化发展潜力指数	人才供给指数	0.0314
	文化发展环境指数	0.0086

（三）旅游产业发展特征

　　华南地区旅游产业发展综合指数为0.0498，各二级指标均高于平均水平，说明华南地区旅游产业有一定的资源环境基础，同时发展均衡且势头良好（见表34）。

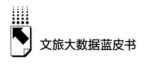

表34 2023年华南地区旅游产业发展综合指数一级、二级指标值

旅游产业发展综合指数			
0.0498			
城市旅游形象指数	城市旅游产业发展指数	旅游资源环境指数	旅游发展潜力指数
0.0384	0.0655	0.0725	0.0421

三级指标中，华南地区的旅游资源指数、旅游环境指数和城市发展指数全国领先；旅游舆情指数、旅游影响力指数和政府管理指数均高于平均值；产业地位指数和市场指数低于平均水平，整体发展相对均衡（见表35）。

表35 2023年华南地区旅游产业发展综合指数三级指标情况

二级指标	三级指标	指数
城市旅游形象指数	旅游舆情指数	0.1569
	旅游影响力指数	0.0283
城市旅游产业发展指数	旅游消费指数	0.0355
	旅游流量指数	0.0673
	产业地位指数	0.1405
旅游资源环境指数	旅游资源指数	0.0708
	旅游环境指数	0.0660
旅游发展潜力指数	政府管理指数	0.0197
	城市发展指数	0.0607
	市场指数	0.2317

（四）文旅融合产业发展特征

华南地区文旅融合产业发展综合指数为0.0763，领跑全国，说明华南地区的文旅融合产业发展较好。从相关二级指标来看，华南地区的文旅产业发展弹性指数领先全国其他区域，文旅资源融合指数、文旅信息融合指数和时代融合指数低于平均值，说明华南地区的文旅融合产业发展存在不平衡现象（见表36）。

表 36　2023 年华南地区文旅融合产业发展综合指数一级、二级指标值

文旅融合产业发展综合指数					
0.0763					
文旅资源融合指数	文旅融合产业指数	文旅信息融合指数	文旅融合影响力指数	时代融合指数	文旅产业发展弹性指数
0.0516	0.0443	0.0401	0.0150	0.0242	0.2490

通过文旅融合产业发展综合指数的三级指标可以看出，华南地区在国内影响力指数、文化产业发展弹性指数和旅游产业发展弹性指数上表现优异，表明文旅融合产业能更好适应外部条件的变化。然而，华南地区的文旅内容融合指数、文旅消费指数、文旅发展潜力指数、数字化管理指数、国外影响力指数、乡村文旅指数和红色文旅指数则处于中等水平，仍有提升空间。同时，其他三级指标均处于下游水平，表明华南地区在文旅融合产业的部分领域发展不均衡（见表37）。整体来看，华南地区的文旅融合产业具有一定的优势，但仍需在多个方面进行改进和加强，以实现更加均衡的发展。

表 37　2023 年华南地区文旅融合产业发展综合指数三级指标情况

二级指标	三级指标	指数
文旅资源融合指数	文旅内容融合指数	0.0388
	文旅业态融合指数	0.0671
文旅融合产业指数	文旅消费指数	0.0778
	文旅发展潜力指数	0.0250
文旅信息融合指数	数字化管理指数	0.0347
	数字化评价指数	0.0515

续表

二级指标	三级指标	指数
文旅融合影响力指数	国内影响力指数	0.0494
	国外影响力指数	0.0062
时代融合指数	乡村文旅指数	0.0169
	红色文旅指数	0.0342
文旅产业发展弹性指数	文化产业发展弹性指数	0.4083
	旅游产业发展弹性指数	0.1715

七 东北地区

（一）文化和旅游产业总体发展特征

东北地区的文化和旅游产业发展总指数为 0.0274，处于全国下游水平，表明该地区的文化和旅游产业发展相对滞后。为了促进文化和旅游产业的发展，东北地区需要采取诸多提升措施。

（二）文化产业发展特征

东北地区文化产业发展综合指数为 0.0219，文化产业发展相对滞后。其中，文化传播、文化资源、文化发展潜力等方面水平都有待进一步提升（见表 38）。

表 38　2023 年东北地区文化产业发展综合指数一级、二级指标值

文化产业发展综合指数			
0.0219			
文化传播指数	文化资源指数	文化产业指数	文化发展潜力指数
0.0049	0.0216	0.0604	0.0251

在文化产业发展综合指数的三级指标中，东北地区经济效益指数和人才供给指数处于中下游水平，其他指标均处于全国下游水平（见表39），说明东北地区的文化产业虽然具有一定的经济效益和人才供给能力，但仍需要通过文化资源的发掘、文化运营资源的优化配置、发展环境的优化、适当的宣传营销等实现文化产业的全面提升发展。

表39　2023年东北地区文化产业发展综合指数三级指标情况

二级指标	三级指标	指数
文化传播指数	国内文化影响力指数	0.0092
	国外文化影响力指数	0.0033
文化资源指数	文化遗产资源指数	0.0181
	文化运营资源指数	0.0264
文化产业指数	经济效益指数	0.0604
文化发展潜力指数	人才供给指数	0.0273
	文化发展环境指数	0.0024

（三）旅游产业发展特征

东北地区的旅游产业发展综合指数为0.0273。二级指标中，只有城市旅游产业发展指数和旅游资源环境指数未处于末位，表明东北地区在这两个方面相对有一定优势（见表40）。然而，整体来看，东北地区的旅游产业发展水平较低，亟须在多个方面进行整体提升。

表40　2023年东北地区旅游产业发展综合指数一级、二级指标值

旅游产业发展综合指数			
0.0273			
城市旅游形象指数	城市旅游产业发展指数	旅游资源环境指数	旅游发展潜力指数
0.0184	0.0499	0.0316	0.0169

东北地区的产业地位指数和旅游资源指数处于中等水平，但其他三级指标均处于下游水平，表明东北地区旅游产业整体水平偏低，特别是在旅游舆情指数、旅游影响力指数、旅游环境指数和政府管理指数等方面，东北地区的表现相对不足（见表41）。为了提升旅游产业发展水平，东北地区不仅需要关注产业水平的提升，还应加大旅游宣传力度，优化旅游发展环境，提升游客的认知度和满意度，进而促进旅游产业的全面发展。

表41　2023年东北地区旅游产业发展综合指数三级指标情况

二级指标	三级指标	指数
城市旅游形象指数	旅游舆情指数	0.1097
	旅游影响力指数	0.0107
城市旅游产业发展指数	旅游消费指数	0.0191
	旅游流量指数	0.0417
	产业地位指数	0.1450
旅游资源环境指数	旅游资源指数	0.0655
	旅游环境指数	0.0160
旅游发展潜力指数	政府管理指数	0.0059
	城市发展指数	0.0187
	市场指数	0.1496

（四）文旅融合产业发展特征

东北地区的文旅融合产业发展综合指数为0.0444，表明该地区在文旅融合产业的发展上仍存在一定的不足。从文旅融合产业发展综合指数二级指标来看，东北地区的所有二级指标均处于全国下游水平，仅文旅融合影响力指数和文旅产业发展弹性指数表现相对占优（见表42）。这表明，尽管东北地区在文旅融合上不断追赶时代发展步伐，但整体成效仍不显著。为了进一步推动文旅融合产业的发展，东北地区需要加大力度，从多个层面提升产业竞争力。

表 42　2023 年东北地区文旅融合产业发展综合指数一级、二级指标值

文旅融合产业发展综合指数					
0.0444					
文旅资源融合指数	文旅融合产业指数	文旅信息融合指数	文旅融合影响力指数	时代融合指数	文旅产业发展弹性指数
0.0369	0.0225	0.0319	0.0077	0.0176	0.1363

在文旅融合产业发展综合指数的三级指标中，东北地区除文旅内容融合指数外，其他指标均低于平均水平，表现相对欠佳。这表明，东北地区在文旅内容的融合方面有较好的进展，并且在国内具有一定的影响力（见表43）。尽管整体表现不突出，但东北地区在特定领域仍有较大的发展潜力，未来可以通过进一步挖掘红色文化资源、强化文旅内容融合，提升文旅融合产业的整体水平。

表 43　2023 年东北地区文旅融合产业发展综合指数三级指标情况

二级指标	三级指标	指数
文旅资源融合指数	文旅内容融合指数	0.0375
	文旅业态融合指数	0.0362
文旅融合产业指数	文旅消费指数	0.0448
	文旅发展潜力指数	0.0096
文旅信息融合指数	数字化管理指数	0.0236
	数字化评价指数	0.0494
文旅融合影响力指数	国内影响力指数	0.0313
	国外影响力指数	0.0017
时代融合指数	乡村文旅指数	0.0052
	红色文旅指数	0.0344
文旅产业发展弹性指数	文化产业发展弹性指数	0.2239
	旅游产业发展弹性指数	0.0936

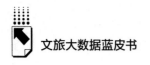

文旅大数据蓝皮书

八 西北地区

（一）文化和旅游产业总体发展特征

西北地区的文化和旅游产业发展总指数为 0.0262，处于全国下游，表明西北地区的文化和旅游产业发展水平相对较低，亟须提升。

（二）文化产业发展特征

西北地区的文化产业发展综合指数为 0.0169，处于全国下游。西北地区文化产业发展综合指数的二级指标均低于平均水平，西北地区的文化产业发展水平亟待提升（见表44）。

表44　2023年西北地区文化产业发展综合指数一级、二级指标值

文化产业发展综合指数			
0.0169			
文化传播指数	文化资源指数	文化产业指数	文化发展潜力指数
0.0046	0.0271	0.0334	0.0222

西北地区的文化产业发展综合指数三级指标大部分处于下游水平，其中，国内文化影响力指数和文化遗产资源指数处于中等水平，表明西北地区的文化产业有一定的文化遗产资源基础和影响力，但文化发展环境不够完善，经济效益不高，还需全面提升（见表45）。

表45　2023年西北地区文化产业发展综合指数三级指标情况

二级指标	三级指标	指数
文化传播指数	国内文化影响力指数	0.0117
	国外文化影响力指数	0.0020
文化资源指数	文化遗产资源指数	0.0284

二级指标	三级指标	指数
文化资源指数	文化运营资源指数	0.0252
文化产业指数	经济效益指数	0.0334
文化发展潜力指数	人才供给指数	0.0237
	文化发展环境指数	0.0075

（三）旅游产业发展特征

西北地区的旅游产业发展综合指数为 0.0272，各项二级指标也均低于平均水平。西北地区的旅游产业整体发展水平较低，可进步的空间较大（见表 46）。

表 46　2023 年西北地区旅游产业发展综合指数一级、二级指标值

旅游产业发展综合指数			
0.0272			
城市旅游形象指数	城市旅游产业发展指数	旅游资源环境指数	旅游发展潜力指数
0.0224	0.0470	0.0267	0.0187

西北地区旅游产业发展综合指数的各项三级指标值均较低，除了产业地位指数外，其他指标均低于平均水平。这表明，尽管西北地区的旅游产业受到一定重视，但其他多个方面仍存在较大的提升空间（见表 47）。为了推动旅游产业的进一步发展，西北地区旅游产业需要在保持现有产业地位的同时，注重旅游环境和市场的持续优化，加强政府管理。

表 47　2023 年西北地区旅游产业发展综合指数三级指标情况

二级指标	三级指标	指数
城市旅游形象指数	旅游舆情指数	0.1272
	旅游影响力指数	0.0134
城市旅游产业发展指数	旅游消费指数	0.0151
	旅游流量指数	0.0303
	产业地位指数	0.1602
旅游资源环境指数	旅游资源指数	0.0349
	旅游环境指数	0.0182
旅游发展潜力指数	政府管理指数	0.0117
	城市发展指数	0.0133
	市场指数	0.1366

（四）文旅融合产业发展特征

西北地区的文旅融合产业发展综合指数为 0.0555，处于下游水平。尽管整体发展水平较低，但一些方面仍表现出一定的优势。具体而言，文旅产业发展弹性指数位于中游水平。此外，文旅资源融合指数也处于中等水平，说明西北地区在文旅资源的整合方面具有一定的优势，预示着文旅融合产业在未来具备较好的发展前景（见表 48）。为了进一步推动文旅融合产业的发展，西北地区需要在提升整体发展水平的同时，充分挖掘和利用资源，增强产业的综合竞争力。

表 48　2023 年西北地区文旅融合产业发展综合指数一级、二级指标值

文旅融合产业发展综合指数					
0.0555					
文旅资源融合指数	文旅融合产业指数	文旅信息融合指数	文旅融合影响力指数	时代融合指数	文旅产业发展弹性指数
0.0473	0.0234	0.0376	0.0054	0.0241	0.1808

西北地区的文旅融合产业发展综合指数三级指标中，除文旅内容融合指数、乡村文旅指数和旅游产业发展弹性指数外，其余指标均低于平均水平。西北地区乡村文旅指数表现优异，位居全国第一。然而，西北地区其他大部分指标处于中下游或下游水平，表明西北地区文旅融合产业的多个方面仍需优化提升（见表49）。为了进一步促进文旅融合产业的全面发展，西北地区应在保持乡村文旅领域领先优势的同时，积极推动各领域的均衡发展，提升文旅融合产业的整体水平。

表49　2023年西北地区文旅融合产业发展综合指数三级指标情况

二级指标	三级指标	指数
文旅资源融合指数	文旅内容融合指数	0.0396
	文旅业态融合指数	0.0567
文旅融合产业指数	文旅消费指数	0.0273
	文旅发展潜力指数	0.0211
文旅信息融合指数	数字化管理指数	0.0288
	数字化评价指数	0.0563
文旅融合影响力指数	国内影响力指数	0.0224
	国外影响力指数	0.0010
时代融合指数	乡村文旅指数	0.0199
	红色文旅指数	0.0299
文旅产业发展弹性指数	文化产业发展弹性指数	0.2593
	旅游产业发展弹性指数	0.1426

参考文献

赵昕、张国鑫：《数字经济对区域旅游消费市场发展的影响——基于市场活力激发的中介效应检验》，《商业经济研究》2024年第2期。

万红珍、邓文博、苏皑：《旅游发展、居民消费与广东省区域经济增

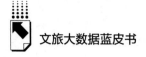

长——基于中介效应与空间杜宾模型的实证》,《商业经济研究》2023 年第 18 期。

雷石标、邵小慧:《商旅文跨界融合对旅游产业的影响研究》,《商业经济研究》2021 年第 13 期。

周圩、孙东亮、孙彤:《京津冀协同背景下旅游产业集聚与区域经济耦合协调发展研究》,《商业经济研究》2021 年第 11 期。

王兆杰、姜乃源:《西部地区旅游消费市场升级及其扩大内需效应分析》,《商业经济研究》2021 年第 6 期。

魏玮:《旅游区域化对我国流通产业发展的溢出效应分析》,《商业经济研究》2019 年第 10 期。

陶静:《基于区域旅游系统空间结构的京津冀旅游协同发展研究》,《商业经济研究》2019 年第 2 期。

徐海峰:《基于系统耦合视角的旅游产业与区域经济协调发展研究——以浙江省为例》,《商业经济研究》2019 年第 1 期。

王雪、杨存栋:《内蒙古自治区旅游产业与区域经济耦合协调度研究》,《商业经济研究》2017 年第 1 期。

武衡:《区域旅游产业发展潜力测评及显化机制分析》,《商业经济研究》2016 年第 21 期。

马丽君、敖烨:《"东西"还是"南北"地区旅游发展差距大?》,《经济地理》2023 年第 1 期。

林玉英等:《中国优秀旅游城市旅游经济空间格局演变特征及影响因素》,《地理科学》2024 年第 6 期。

高燕、孙根年:《西北地区城市旅游时空关联效应——基于高级别景区供给的观察》,《地理科学》2024 年第 2 期。

关伟、郝金连:《东北地区旅游经济影响因素时空特征研究》,《地理科学》2018 年第 6 期。

朱瑜:《文旅融合发展 激发地方魅力》,《文化产业》2024 年第 28 期。

刘佳、安珂珂、赵青华:《数字基础设施建设、要素市场化配置与旅游经济包容性增长》,《旅游科学》2024 年 9 月 18 日。

附录一
2023年中国文化和旅游产业发展大事记

2023年1月6日，《文化和旅游部办公厅关于开展"打卡旅游休闲 打开欢乐春节"——2023年新春旅游休闲宣传推广活动的通知》发布

2023年1月11日，《文化和旅游部办公厅关于落实新型冠状病毒感染"乙类乙管"做好文化和旅游行业疫情防控工作的通知》发布

2023年1月12日，《文化和旅游部办公厅 教育部办公厅 自然资源部办公厅 农业农村部办公厅 国家乡村振兴局综合司关于开展文化产业赋能乡村振兴试点工作的通知》发布

2023年1月16日，《文化和旅游部市场管理司关于优化涉港澳台营业性演出管理政策的通知》发布

2023年1月16日，《文化和旅游部关于规范网络演出剧（节）目经营活动 推动行业健康有序发展的通知》发布

2023年1月20日，《文化和旅游部办公厅关于试点恢复旅行社经营中国公民赴有关国家出境团队旅游业务的通知》发布

2023年2月3日，《文化和旅游部办公厅关于恢复旅行社经营内地与港澳入出境团队旅游业务的通知》发布

2023年2月17日，《文化和旅游部关于推动非物质文化遗产与旅游深度融合发展的通知》发布

2023年2月20日，《文化和旅游部关于印发〈文化和旅游标准化工作管理办法〉的通知》发布

2023年2月27日，《文化和旅游部办公厅关于推行应用文化和旅游市场电子证照的通知》发布

2023年3月8日，《文化和旅游部办公厅关于开展智慧旅游沉浸式体验新空间推荐遴选暨培育试点工作的通知》发布

2023年3月22日，《文化和旅游部关于命名滨海新区智慧山文化创意产业园等15家园区为国家级文化产业示范园区的通知》发布

2023年3月29日，《文化和旅游部办公厅关于开展边境旅游试验区、跨境旅游合作区申报工作的通知》发布

2023年4月6日，《文化和旅游部关于印发〈国家级文化产业示范园区（基地）管理办法〉的通知》发布

2023年4月10日，《工业和信息化部 文化和旅游部关于加强5G+智慧旅游协同创新发展的通知》发布

2023年5月6日，《文化和旅游部 国家民委关于印发〈"春雨工程"——文化和旅游志愿服务边疆行计划实施方案〉的通知》发布

2023年5月19日，《文化和旅游部办公厅 农业农村部办公厅关于印发〈乡村文化和旅游带头人支持项目实施方案（2023—2025年）〉的通知》发布

2023年6月8日，《文化和旅游部办公厅关于开展文化和旅游市场信用经济发展试点工作（2023–2024年）的通知》发布

2023年6月19日，《文化和旅游部办公厅关于开展2023年文化和旅游数字化创新示范案例征集评选工作的通知》发布

图1 2023年上半年中国文化和旅游产业发展大事记

2023年7月24日，《文化和旅游部办公厅 工业和信息化部办公厅 国家卫生健
　　康委办公厅关于开展老年旅游典型案例推荐遴选工作的通知》发布
2023年8月1日，《文化和旅游部 教育部 共青团中央 全国妇联 中国关工委关
　　于印发〈用好红色资源培育时代新人红色旅游助推铸魂育人行动计划
　　（2023—2025年）的通知》发布
2023年8月3日，《文化和旅游部关于公布第一批全国智慧旅游沉浸式体验
　　新空间培育试点名单的通知》发布
2023年8月26日，《文化和旅游部关于公布首批文化和旅游部技术创新中心
　　建设名单的通知》发布
2023年9月8日，《工业和信息化部办公厅 教育部办公厅 文化和旅游部办公
　　厅 国务院国资委办公厅 广电总局办公厅关于印发〈元宇宙产业创新
　　发展三年行动计划（2023—2025年）〉的通知》发布
2023年9月11日，《文化和旅游部关于公布文化和旅游市场信用经济发展试
　　点地区名单（2023—2024年）的通知》发布
2023年9月25日，《文化和旅游部市场管理司关于公布第一批文明旅游宣传
　　引导十佳案例、优秀案例名单的通知》发布
2023年9月27日，《文化和旅游部办公厅关于开展2023年全国文化和旅游市
　　场管理创新典型案例推荐遴选工作的通知》发布
2023年9月28日，《文化和旅游部办公厅体育总局办公厅关于开展国家级滑
　　雪旅游度假地认定工作的通知》发布
2023年9月29日，国务院办公厅印发《关于释放旅游消费潜力推动旅游业高
　　质量发展的若干措施》的通知
2023年10月9日，《文化和旅游部办公厅关于公布2023年文化和旅游数字化
　　创新示范案例的通知》发布
2023年10月12日，《文化和旅游部办公厅 交通运输部办公厅 国家铁路局综
　　合司 中国民用航空局综合司 国家邮政局办公室 国铁集团办公厅关于
　　公布第一批交通运输与旅游融合发展典型案例的通知》发布
2023年10月17日，文化和旅游部发布关于贯彻落实《关于释放旅游消费潜
　　力推动旅游业高质量发展的若干措施》的通知
2023年10月19日，《文化和旅游部　商务部关于公布新一批国家对外文化贸
　　易基地名单的通知》发布
2023年11月6日，文化和旅游部办公厅印发《互联网上网服务行业上云行动
　　工作方案》发布
2023年11月7日，《文化和旅游部关于印发浙江文化和旅游赋能高质量发展
　　建设共同富裕示范区第一批典型经验的通知》发布
2023年11月13日，文化和旅游部印发《国内旅游提升计划（2023—2025年）》
2023年11月21日，《文化和旅游部办公厅关于公布全国文化和旅游标准化
　　示范典型经验名单的通知》发布
2023年11月18日，《文化和旅游部 自然资源部 住房城乡建设部关于公布国
　　家文化产业和旅游产业融合发展示范区建设单位名单的通知》发布

图2　2023年下半年中国文化和旅游产业发展大事记

（左侧竖排）文化和旅游产业发展大事记（2023年下半年）

附录二
中国文化和旅游产业发展大数据指标体系

一　中国文化和旅游产业发展大数据指标体系指标层

（一）一级及二级指标层

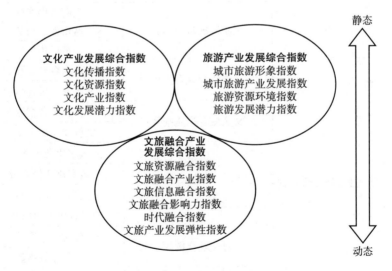

图1　一级及二级指标层

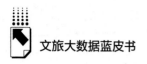

（二）三级指标层

表1　三级指标层

一级指标	二级指标	三级指标
文化产业发展综合指数	文化传播指数	国内文化影响力指数
		国外文化影响力指数
	文化资源指数	文化遗产资源指数
		文化运营资源指数
	文化产业指数	经济效益指数
	文化发展潜力指数	人才供给指数
		文化发展环境指数
旅游产业发展综合指数	城市旅游形象指数	旅游舆情指数
		旅游影响力指数
	城市旅游产业发展指数	旅游消费指数
		旅游流量指数
		产业地位指数
	旅游资源环境指数	旅游资源指数
		旅游环境指数
	旅游发展潜力指数	政府管理指数
		城市发展指数
		市场指数
文旅融合产业发展综合指数	文旅资源融合指数	文旅内容融合指数
		文旅业态融合指数
	文旅融合产业指数	文旅消费指数
		文旅发展潜力指数
	文旅信息融合指数	数字化管理指数
		数字化评价指数
	文旅融合影响力指数	国内影响力指数
		国外影响力指数
	时代融合指数	乡村文旅指数
		红色文旅指数
	文旅产业发展弹性指数	文化产业发展弹性指数
		旅游产业发展弹性指数

（三）四级指标层

表 2　四级指标层

一级指标	二级指标	三级指标	四级指标
文化产业发展综合指数	文化传播指数	国内文化影响力指数	全网热度指数
			微博热度指数
			抖音热度指数
			快手热度指数
			微信热度指数
		国外文化影响力指数	谷歌热度指数
			推特热度指数
	文化资源指数	文化遗产资源指数	世界文化遗产数量指数
			国家级非物质文化遗产数量指数
			国家重点文物保护单位数量指数
		文化运营资源指数	博物馆数量指数
			图书馆数量指数
			文化馆数量指数
			文化产业园区数量指数
			艺术表演团体个数指数
	文化产业指数	经济效益指数	城镇居民文化消费指数
			城镇居民文化娱乐消费指数
	文化发展潜力指数	人才供给指数	文化、体育和娱乐业年末就业人员数指数
			文化、体育和娱乐业年末就业人员数占第三产业就业人数比重指数
		文化发展环境指数	文化新闻热度指数
			文化产业政策数量指数
旅游产业发展综合指数	城市旅游形象指数	旅游舆情指数*	住宿服务指数
			餐饮服务指数
			购物服务指数
			游览服务指数
			交通服务指数
			娱乐服务指数
			自然环境指数
			社会环境指数

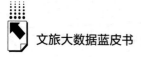

续表

一级指标	二级指标	三级指标	四级指标
旅游产业发展综合指数	城市旅游形象指数	旅游影响力指数	全网热度指数
			微博热度指数
			谷歌热度指数
			推特热度指数
	城市旅游产业发展指数	旅游消费指数	国内旅游消费指数
			人均旅游消费指数
			团队游合同总额指数
		旅游流量指数	国内旅游人次指数
			国际旅游人次指数
			入境游客平均逗留天数指数
		产业地位指数	旅游产业收入占 GDP 比重的增速指数
			旅游产业收入占 GDP 比重指数
	旅游资源环境指数	旅游资源指数	国家 5A 级旅游景区个数指数
			世界自然遗产数量指数
			自然保护区密度指数
			森林资源密度指数
			水利资源密度指数
			旅游景区密度指数
			湿地面积密度指数
		旅游环境指数	商业服务密度指数
			餐饮密度指数
			酒店密度指数
			空气质量指数
			物价水平指数
			卫生水平指数
	旅游发展潜力指数	政府管理指数	旅游新闻热度指数
			旅游政策数量指数
		城市发展指数	绿地率指数
			体育休闲设施密度指数
			教育文化设施密度指数
			医疗服务密度指数
			铁路密度指数
			公路密度指数
			物流密度指数
			邮电密度指数
			机场吞吐量指数

续表

一级指标	二级指标	三级指标	四级指标
旅游产业发展综合指数	旅游发展潜力指数	市场指数	市场地区人口指数
			市场地区人均收入指数
			旅游区位分析指数
文旅融合产业发展综合指数	文旅资源融合指数	文旅内容融合指数	"遗产+旅游"全网热度指数
			"民宿+旅游"全网热度指数
			"扶贫+旅游"全网热度指数
			"戏曲+旅游"全网热度指数
			"歌舞+旅游"全网热度指数
			"电影+旅游"全网热度指数
			"文创+旅游"全网热度指数
		文旅业态融合指数	同时拥有"历史文化名城"和"国内优秀旅游城市"称号指数
			A级景区官方名称中有"文化"关键词指数
			主题公园数量指数
			历史文化街区数量指数
			文化主题酒店数量指数
			文旅融合示范景区数量指数
			研学旅游示范基地数量指数
			旅游演出节目台数指数
	文旅融合产业指数	文旅消费指数	旅游文创产品消费额指数
			文旅消费总额指数
		文旅发展潜力指数	文旅上市企业数量指数
			文旅产业基金数量指数
			文旅融合政策数量指数
	文旅信息融合指数	数字化管理指数	数字博物馆数量指数
			线上直播的景区数量指数
		数字化评价指数	文旅局微博粉丝数指数
			文旅局微信公众号指数 **
	文旅融合影响力指数	国内影响力指数	百度新闻热度指数
			今日头条新闻热度指数
			抖音主题短视频数量指数
			快手主题短视频数量指数

一级指标	二级指标	三级指标	四级指标
文旅融合产业 发展综合指数	文旅融合 影响力指数	国外影响力 指数	谷歌热度指数
			推特热度指数
	时代融合 指数	乡村文旅 指数	乡村文旅扶贫政策数量指数
			乡村文旅扶贫新闻热度指数
			乡村文旅政策数量指数
			乡村文旅新闻热度指数
			乡村旅游重点村数量指数
		红色文旅 指数	红色旅游景区数量指数
			红色旅游线路数量指数
			红色文旅政策数量指数
			红色文旅新闻热度指数
	文旅产业发展 弹性指数	文化产业发展 弹性指数	城镇居民文化消费占总支出的比重 变化幅度指数
		旅游产业发展 弹性指数	国内旅游人次变化幅度指数
			国际旅游人次变化幅度指数

注：＊旅游舆情指数的下级指标计算方式：游客对该项目评价好评率×0.5+（该城市该项目评价条数/所有城市该项目评价条数）×100×0.5。＊＊数据来自新榜公众号指数（https：//www.newrank.cn/），评价公众号一周内的传播能力。

二 中国文化和旅游产业发展大数据指标体系数据来源

表3　指标数据来源

三级指标	四级指标	数据来源
国内文化影响力指数	全网热度指数	百度
	微博热度指数	微博
	抖音热度指数	抖音
	快手热度指数	快手
	微信热度指数	微信
国外文化影响力指数	谷歌热度指数	谷歌
	推特热度指数	推特

续表

三级指标	四级指标	数据来源
文化遗产资源指数	世界文化遗产数量指数	二外数据
	国家级非物质文化遗产数量指数	二外数据
	国家重点文物保护单位数量指数	二外数据
文化运营资源指数	博物馆数量指数	遥感
	图书馆数量指数	遥感
	文化馆数量指数	遥感
	文化产业园区数量指数	年鉴
	艺术表演团体个数指数	遥感
经济效益指数	城镇居民文化消费指数	银联
	城镇居民文化娱乐消费指数	银联
人才供给指数	文化、体育和娱乐业年末就业人员数指数	年鉴
	文化、体育和娱乐业年末就业人员数占第三产业就业人数比重指数	年鉴
文化发展环境指数	文化新闻热度指数	百度
	文化产业政策数量指数	政府官网
旅游舆情指数	住宿服务指数	二外数据
	餐饮服务指数	二外数据
	购物服务指数	二外数据
	游览服务指数	二外数据
	交通服务指数	二外数据
	娱乐服务指数	二外数据
	自然环境指数	二外数据
	社会环境指数	二外数据
旅游影响力指数	全网热度指数	百度
	微博热度指数	微博
	谷歌热度指数	谷歌
	推特热度指数	推特
旅游消费指数	国内旅游消费指数	银联
	人均旅游消费指数	银联
	团队游合同总额指数	12301

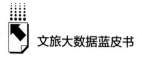
续表

三级指标	四级指标	数据来源
旅游流量指数	国内旅游人次指数	联通
	国际旅游人次指数	联通
	入境游客平均逗留天数指数	联通
产业地位指数	旅游产业收入占 GDP 比重的增速指数	年鉴
	旅游产业收入占 GDP 比重指数	年鉴
旅游资源指数	国家 5A 级旅游景区个数指数	二外数据
	世界自然遗产数量指数	二外数据
	自然保护区密度指数	遥感
	森林资源密度指数	遥感
	水利资源密度指数	遥感
	旅游景区密度指数	遥感
	湿地面积密度指数	遥感
旅游环境指数	商业服务密度指数	遥感
	餐饮密度指数	遥感
	酒店密度指数	遥感
	空气质量指数	二外数据
	物价水平指数	年鉴
	卫生水平指数	遥感
政府管理指数	旅游新闻热度指数	政府官网
	旅游政策数量指数	政府官网
城市发展指数	绿地率指数	年鉴
	体育休闲设施密度指数	遥感
	教育文化设施密度指数	遥感
	医疗服务密度指数	遥感
	铁路密度指数	遥感
	公路密度指数	遥感
	物流密度指数	遥感
	邮电密度指数	遥感
	机场吞吐量指数	二外数据
市场指数	市场地区人口指数	年鉴
	市场地区人均收入指数	年鉴
	旅游区位分析指数	遥感

续表

三级指标	四级指标	数据来源
文旅内容融合指数	"遗产+旅游"全网热度指数	百度
	"民宿+旅游"全网热度指数	百度
	"扶贫+旅游"全网热度指数	百度
	"戏曲+旅游"全网热度指数	百度
	"歌舞+旅游"全网热度指数	百度
	"电影+旅游"全网热度指数	百度
	"文创+旅游"全网热度指数	百度
文旅业态融合指数	同时拥有"历史文化名城"和"国内优秀旅游城市"称号指数	二外数据
	A级景区官方名称中有"文化"关键词指数	二外数据
	主题公园数量指数	百度
	历史文化街区数量指数	百度
	文化主题酒店数量指数	遥感
	文旅融合示范景区数量指数	二外数据
	研学旅游示范基地数量指数	二外数据
	旅游演出节目台数指数	携程
文旅消费指数	旅游文创产品消费额指数	银联
	文旅消费总额指数	银联
文旅发展潜力指数	文旅上市企业数量指数	二外数据
	文旅产业基金数量指数	二外数据
	文旅融合政策数量指数	政府官网
数字化管理指数	数字博物馆数量指数	百度
	线上直播的景区数量指数	抖音
数字化评价指数	文旅局微博粉丝数指数	微博
	文旅局微信公众号指数	新榜
国内影响力指数	百度新闻热度指数	百度
	今日头条新闻热度指数	今日头条
	抖音主题短视频数量指数	抖音
	快手主题短视频数量指数	快手
国外影响力指数	谷歌热度指数	谷歌
	推特热度指数	推特
乡村文旅指数	乡村文旅扶贫政策数量指数	政府官网
	乡村文旅扶贫新闻热度指数	政府官网

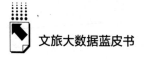

续表

三级指标	四级指标	数据来源
乡村文旅指数	乡村文旅政策数量指数	政府官网
	乡村文旅新闻热度指数	政府官网
	乡村旅游重点村数量指数	二外数据
红色文旅指数	红色旅游景区数量指数	二外数据
	红色旅游线路数量指数	二外数据
	红色文旅政策数量指数	政府官网
	红色文旅新闻热度指数	百度
文化产业发展弹性指数	城镇居民文化消费占总支出的比重变化幅度指数	银联
旅游产业发展弹性指数	国内旅游人次变化幅度指数	联通
	国际旅游人次变化幅度指数	联通

三 中国文化和旅游产业发展大数据指标体系数据处理说明

（一）数据标准化说明

为消除各指标量纲不同的影响，对数据进行极差标准化处理。数据标准化计算公式为：

$$X'_{ij} = \frac{X_{ij} - X_{j\min}}{X_{j\max} - X_{j\min}} \qquad (1)$$

$$X'_{ij} = \frac{X_{j\max} - X_{ij}}{X_{j\max} - X_{j\min}} \qquad (2)$$

当指标为正向指标时，采用公式（1）进行处理；当指标为负向指标时，采用公式（2）进行处理。式中，X'_{ij}为标准化指标值，X_{ij}为观测值，

$X_{j\max}$、$X_{j\min}$分别为同一指标的最大值和最小值，i为空间单元编号，j为指标编号。

（二）权重确定说明

专家打分法：由相关行业专家和权威人士组成的专家组进行评价，根据专家打分的统计结果进行算术平均，确定权重值。本书邀请了 20 位在文化和旅游研究领域有较高造诣的专家对各级指标进行打分。专家按一定的原则对某些事物进行打分，实际上是基于事物之间的相互比较，从而给出客观的权重系数。在分配权重系数时，权重系数之和为 1，对每个专家的打分结果进行统计后，得到每个指标的具体权重。首先，将同一指标的得分相加；其次，计算各指标的平均得分；最后，计算评价指标的权重。

在自然科学中，物理学中的热力学熵是指系统无序状态的一种量度。在社会系统中应用时，信息熵在数学意义上等同于热力学熵，但它主要是指对系统状态的不确定性程度的测量。一般认为，信息熵越高，系统结构越平衡，差异越小或变化越慢；反之，信息熵越低，系统结构越不平衡，差异越大或变化越快。因此，可以根据熵值来计算权重，即每个指标值的变化程度。主要步骤如下；为了消除每个指标的幅度、尺度和正负方向的差异，首先必须对数据进行标准化。正负指标标准化公式如下。

指标值越大，说明评价质量越好，采用正向指标计算公式进行标准化：

$$正向指标X'_{ij} = \frac{X_{ij} - X_{j\min}}{X_{j\max} - X_{j\min}}; (i = 1,2,\cdots,m; j = 1,2,\cdots,n) \tag{3}$$

指标值越小，说明评价质量越好，采用负向指标计算公式进行标准化：

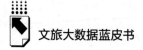

$$负向指标X'_{ij} = \frac{X_{jmax} - X_{ij}}{X_{jmax} - X_{jmin}}(i = 1,2,\cdots,m;j = 1,2,\cdots,n) \tag{4}$$

计算第 i 个地区的第 j 项指标值的比重：

$$Z_{ij} = \frac{X_{ij}}{\sum_{i=1}^{m} X_{ij}}(i = 1,2,\cdots m;j = 1,2,\cdots,n) \tag{5}$$

计算指标信息熵：

$$P_j = -\frac{1}{\ln m}\sum_{i=1}^{m} Z_{ij}\ln Z_{ij}(i = 1,2,\cdots m;j = 1,2,\cdots,n) \tag{6}$$

计算信息熵冗杂度：

$$D_j = 1 - P_j(j = 1,2,\cdots,n) \tag{7}$$

计算指标权重：

$$W_j = D_j \div \sum_{j=1}^{n} D_j(j = 1,2,\cdots,n) \tag{8}$$

社会科学文献出版社

皮 书

智库成果出版与传播平台

❖ 皮书定义 ❖

皮书是对中国与世界发展状况和热点问题进行年度监测，以专业的角度、专家的视野和实证研究方法，针对某一领域或区域现状与发展态势展开分析和预测，具备前沿性、原创性、实证性、连续性、时效性等特点的公开出版物，由一系列权威研究报告组成。

❖ 皮书作者 ❖

皮书系列报告作者以国内外一流研究机构、知名高校等重点智库的研究人员为主，多为相关领域一流专家学者，他们的观点代表了当下学界对中国与世界的现实和未来最高水平的解读与分析。

❖ 皮书荣誉 ❖

皮书作为中国社会科学院基础理论研究与应用对策研究融合发展的代表性成果，不仅是哲学社会科学工作者服务中国特色社会主义现代化建设的重要成果，更是助力中国特色新型智库建设、构建中国特色哲学社会科学"三大体系"的重要平台。皮书系列先后被列入"十二五""十三五""十四五"时期国家重点出版物出版专项规划项目；自2013年起，重点皮书被列入中国社会科学院国家哲学社会科学创新工程项目。

法律声明

"皮书系列"（含蓝皮书、绿皮书、黄皮书）之品牌由社会科学文献出版社最早使用并持续至今，现已被中国图书行业所熟知。"皮书系列"的相关商标已在国家商标管理部门商标局注册，包括但不限于 LOGO（📱）、皮书、Pishu、经济蓝皮书、社会蓝皮书等。"皮书系列"图书的注册商标专用权及封面设计、版式设计的著作权均为社会科学文献出版社所有。未经社会科学文献出版社书面授权许可，任何使用与"皮书系列"图书注册商标、封面设计、版式设计相同或者近似的文字、图形或其组合的行为均系侵权行为。

经作者授权，本书的专有出版权及信息网络传播权等为社会科学文献出版社享有。未经社会科学文献出版社书面授权许可，任何就本书内容的复制、发行或以数字形式进行网络传播的行为均系侵权行为。

社会科学文献出版社将通过法律途径追究上述侵权行为的法律责任，维护自身合法权益。

欢迎社会各界人士对侵犯社会科学文献出版社上述权利的侵权行为进行举报。电话：010-59367121，电子邮箱：fawubu@ssap.cn。

社会科学文献出版社